VERS L'AUTRE FLAMME

★★

SOVIETS 1929

PAR

PANAÏT ISTRATI

LES ÉDITIONS RIEDER

7, PLACE SAINT-SULPICE, 7 — PARIS-6e

SOVIETS 1929

SOVIETS 1929

DU MÊME AUTEUR
aux Éditions Rieder

LES RÉCITS D'ADRIEN ZOGRAFFI

I. — *Kyra Kyralina.*
II. — *Oncle Anghel.*
III. — *Présentation des Haïdoucs.*
IV. — *Domnitza de Snagov.*

LA VIE D'ADRIEN ZOGRAFFI

I. — *Codine* (Enfance).
II. — *Mikhaïl* (Adolescence).

TÉMOIGNAGES

I. — *Vers l'autre Flamme.*

PANAÏT ISTRATI

VERS L'AUTRE FLAMME

II

SOVIETS 1929

LES ÉDITIONS RIEDER

7, PLACE SAINT-SULPICE, 7
PARIS

MCMXXIX

I. — QUELQUES CONSTATATIONS LES FORCES DE L'AVENIR

LES voyageurs qui, venant de passer trois semaines en U. R. S. S., en rapportent un livre de trois cents pages documenté sur toutes choses, peuvent, selon leur partialité, dénigrer le monde soviétique ou l'admirer sans réserves. Celui qui a passé de longs mois dans l'U. R. S. S. et pas exclusivement dans les grands hôtels et parmi les hauts fonctionnaires du régime, mais en contact avec la vie de tous les jours, et de tout le monde, a d'autres devors, surtout s'il ne s'est pas senti un étranger au pays de la révolution, surtout si l'avenir de la première République des travailleurs lui apparaît comme l'un des éléments précieux de l'avenir du monde.

Vue de près, l'U. R. S. S. apparaît vraiment comme un monde en transformation où deux sortes de forces, si étroitement mêlées qu'elles se confondent souvent dans les mêmes milieux. dans les mêmes institutions, se combattent avec un acharnement sans exemple les forces du passé, les tendances à la restauration capitaliste, et les forces prolétariennes qui tendent à créer un ordre socialiste. Cette lutte est pleine d'alternatives. Dans l'ensemble, les forces socialistes paraissent l'emporter ; l'observateur qui considère les choses à vol d'oiseau verra le drapeau rouge sur le Kremlin, le drapeau rouge sur les nouvelles usines de Karélie, d'Arménie, de la Volga, de partout, les portraits et les œuvres de Lénine dans tous les lieux publics et dans bien des logis. Il conclura à la victoire dûment acquise des forces socialistes. L'observateur qui, descendant des hauteurs, visitera les usines et les logis verra souvent, sous les drapeaux rouges, des hommes dont les aspirations profondes, lisibles dans leurs actes ou leur façon de vivre, vont, qu'ils le sachent ou non, à la restauration capitaliste. La révolution n'est pas finie, la révolution *continue*, c'est-à-dire que *la lutte entre le capitalisme et le socialisme continue.*

Deuxième vérité. Puisqu'il y a lutte des classes, lutte de forces irréductiblement antagonistes, le devoir de l'observateur qui se sent solidaire des travailleurs de l'U. R. S. S. est moins de

les complimenter sur leurs admirables victoires
que de leur crier : attention, camarades ! Redou-
blez de vigilance sur tel point menacé ! Pré-
parez-vous à résister sur tel autre qui paraît
encore un secteur calme ! *Le devoir de l'observateur
qui ne se targue pas d'une absurde neutralité
est d'avertir ses frères du danger qu'il aperçoit.*

Mais, dira-t-on, cette façon de faire n'a-t-elle
pas le désavantage de concentrer l'attention
sur les points faibles d'une société naissante,
dont il vaut mieux souligner, pour entretenir
l'enthousiasme des prolétaires, l'acquit déjà
glorieux et l'effort fructueux ? Je répondrai
l'enthousiasme des vrais révolutionnaires ne se
nourrit pas uniquement de bulletins de victoire ;
les difficultés, les revers mêmes les trempent
quand on en voit pratiquement la fin. Les prolétaires sont, avant tout, des réalistes. Et puis,
*chaque chose à son heure : à cette heure il faut
parler des périls et des difficultés.* A cette heure,
il serait criminel de les taire, criminel de les
ignorer ! En temps de révolution, l'observateur qui voit un immense péril et ne le dénonce
pas doit être fusillé. (Il serait coupable aussi
d'exagérer le péril et de semer la panique ; le lecteur de bonne foi ne m'adressera pas ce reproche.)

C'est que, *au cours des dernières années, les forces hostiles au socialisme ont certainement réalisé dans l'U. R. S. S. des progrès marquants.* Leur poussée s'est partout fait sentir : dans les mœurs, dans la littérature et le théâtre, dans les idées, dans la vie économique, jusque dans la vie politique. La dictature du prolétariat a gardé, garde toutes ses positions dominantes ; mais une multitude de termites la sapent de toutes parts. L'année 1928 nous a valu, en ce sens, de brusques révélations : procès de Chakhty, crise des blés, offensive des koulaks dans les campagnes, « danger de droite » dans le parti. Ce sont périls reconnus par le parti communiste de l'U. R. S. S. On les voit très bien, dans la rue, dans la vie.

Les forces du socialisme ont bâti, grandi, mûri ; les autres aussi. La lutte est confuse. Les alternatives contraires y sont inévitables. Il faudrait être le plus naïf des utopistes pour s'imaginer qu'un pays peut marcher vers le socialisme en ligne droite. Il faudrait n'avoir rien de commun avec l'esprit révolutionnaire pour se laisser décourager par des revers partiels qui peuvent, qui doivent être momentanés. *Dans la lutte engagée, les forces du monde nouveau peuvent et doivent vaincre*, voilà la cinquième vérité que je voudrais faire ressortir. Mais elles doivent, pour vaincre, faire à nouveau ce qu'elles ont déjà fait tant de fois depuis douze ans : faire preuve d'énergie, d'esprit réaliste, de haute conscience.

Lénine répéta maintes fois que les difficultés de l'édification du socialisme dans un pays agricole, l'un des plus arriérés du monde, seraient infinies. Qu'il me soit permis de citer ici une de ses pages, l'une des plus géniales peut-être, qu'il écrivait encore en Suisse, le 8 avril 1917, dans sa lettre d'adieu aux ouvriers suisses, au moment de partir pour la Russie. Ce sera la meilleure réponse à ceux qui s'imaginent qu'on rend service à l'U. R. S. S. en fermant les yeux sur les maux dont elle souffre, dont elle doit souffrir inévitablement.

« Le grand honneur d'*ouvrir* la série des révolutions engendrées avec une nécessité objective par la guerre impérialiste est échu au prolétariat russe. Mais l'idée de considérer le prolétariat russe comme un prolétariat révolutionnaire élu, parmi les ouvriers des autres pays, nous est absolument étrangère. Nous savons parfaitement que le prolétariat de Russie est moins organisé, moins préparé, moins conscient que les ouvriers des autres pays. Ce ne sont pas des qualités particulières, c'est un concours particulier de circonstances historiques qui a fait du prolétariat russe, *pour un certain temps, peut-être très court*, le pionnier avancé du prolétariat révolutionnaire du monde entier.

« La Russie est un pays paysan, l'un des pays les plus arriérés de l'Europe. Le socialisme ne peut y vaincre *directement*, tout de suite. Mais le caractère paysan du pays *peut*, par suite de l'immense superficie du domaine des propriétaires nobles, donner sur la base de l'expérience de 1905 une formidable ampleur à la révolution bourgeoise démocratique et faire de notre révolution le *prologue* de la révolution socialiste, *un petit pas* vers celle-ci.

. . . .

« Le socialisme ne peut pas vaincre *directement et tout de suite* en Russie. Mais la masse paysanne *peut* conduire la révolution agraire inévitable et mûre *jusqu'à la confiscation* de tout l'immense domaine des propriétaires fonciers.

. . . .

« Une semblable transformation ne serait

encore nullement socialiste. Mais elle donnerait
une impulsion prodigieuse au mouvement ouvrier
mondial. Elle affermirait au plus haut point
les positions de la révolution socialiste en
Russie et son influence sur les ouvriers de
l'agriculture et les paysans les plus pauvres.
Elle donnerait au prolétariat des villes la possibilité de développer, en s'appuyant sur cette
influence, des organisations révolutionnaires
telles que les Soviets des députés ouvriers, de
remplacer par ces organisations les anciens
instruments d'oppression des États bourgeois,
l'armée, la police, le corps de fonctionnaires,
d'appliquer — sous la pression d'une guerre
impérialiste infiniment pénible et de ses conséquences — diverses mesures révolutionnaires
pour le *contrôle* de la production et de la répartition des produits.

« Le prolétariat russe ne peut pas *achever
victorieusement*, avec ses seules forces, la révolution socialiste. Mais il peut donner à la révolution russe une ampleur qui créera les conditions
les meilleures pour la révolution socialiste et
la *commencera*, en un certain sens. Il peut
améliorer la situation en vue de l'intervention
dans des batailles décisives de son collaborateur

principal le plus sûr, le prolétariat socialiste *européen* et américain. »

Peut-être les travailleurs russes, emportés par leur élan, ont-ils remporté des victoires plus grandes que celles dont la sagesse d'un Lénine se fût contentée. Douze années ont passé. Le meilleur et le pire sont aux prises dans ce pays. Les tares de l'ancien régime ne sont pas encore effacées, la transformation de l'homme et de la société est à peine commencée. Mais cet *à peine* est déjà immense et précieux parce qu'il est unique au monde.

Je dirai les maux dont souffre la première République du travail, à sa naissance : n'oublions pas qu'une paix précaire ne lui fut accordée par l'univers capitaliste qu'en 1920. L'U. R. S. S. est, dans sa *neuvième année* de paix, entièrement livrée à elle-même. Je veux dire auparavant les raisons que l'U. R. S. S. a d'avoir confiance en l'avenir.

Ce pays, d'une étonnante richesse naturelle, a des hommes, des masses d'une qualité exceptionnelle. L'homme russe — avec son énergie fruste, ses ressources intérieures de foi, de passion, de volonté, de patience, d'endurance, l'homme russe dont les variétés vont de l'Asiatique parfait à l'Européen parfait, est peut-être la richesse la plus inexploitée de l'U. R. S. S. Nul ne peut prévoir l'avenir de cet homme. La société qui saura le mettre en œuvre sera magnifique. Et cet homme est, de par sa nature profonde, un bâtisseur de vie nouvelle. En ce sens, le meilleur de lui aspire au socialisme. En révolution comme à la guerre, la qualité du matériel humain est de première importance.

Parmi ces masses, la phalange organisée, disciplinée, guidée par une forte pensée collective du parti communiste, fait son chemin, son chemin d'entraîneuse. Il y a 2.000.000 de communistes et de Comsomols (1) environ. De ce nombre, le dixième peut-être sont de vrais communistes, je le sais. Ce sont eux qui constituent la vraie phalange. Ces deux cent mille-là sont le sel de la terre russe, à cette heure de l'histoire. Ces deux cent mille-là peuvent des miracles. Ils en ont fait en série, de l'insurrection d'Octobre aux exploits militaires et à la reconstruction de l'industrie socialisée. A ces deux cent mille se joignent tous ceux

(1) Membres des « Jeunesses communistes ».

qui, vrais communistes ou vrais sympathisants, n'ont pas la carte du Parti ; et peut-être ces sans-parti-là compensent-ils, par leur nombre et par leur qualité, l'existence dans les organisations du Parti des quatre cinquièmes d'éléments passifs ou défectueux.

Cette phalange révolutionnaire a deux admirables générations de chefs : les vieux qui, pendant des dizaines d'années ont combattu l'ancien régime et le capitalisme international, la génération de Lénine et de Trotski ; et les jeunes, ceux qui se sont formés de 1917 à 1921 dans la fournaise de la guerre civile. Par les capacités, la valeur morale, l'énergie, ces hommes ont peu d'égaux au temps présent.

Ce pays a rénové sa vie spirituelle. Des disciplines scientifiques nouvelles y sont pour la première fois appliquées en grand dans tous les ordres des connaissances humaines. Cela comporte des désavantages, sans doute : les vieux potagers bien ratissés sont plus faciles à cultiver qu'une terre vierge labourée du matin, à l'aube, et dont on ne connaît pas encore les qualités. Les débuts de toutes les rénovations spirituelles ont été pénibles et entachés d'erreur. Celle-ci ne sera pas moins profonde que la révolution chrétienne. Nos arrière-petits-enfants en récolteront les vrais fruits. Dès à présent, la soif de savoir, l'ardeur de penser comptent parmi les forces les plus évidentes de la révolution.

Dans l'ordre des faits matériels, il y a les victoires d'hier, et d'avant-hier. Celles de la période des luttes armées, qui sont d'éclatantes preuves de vitalité et des gages. Celles de l'organisation du pays socialiste. Organisation sur un plan d'ensemble, fondée sur l'économique, à laquelle tout le monde s'intéresse parce que c'est enfin, au lieu d'être le saint des saints des grands brasseurs d'affaires, la chose publique par excellence. Organisation défectueuse mais socialiste, neuve, viable, vivante et qui a déjà fait ses preuves une première fois en ramenant par ses propres forces, après sept années de guerre étrangère et de guerre civile, après quinze invasions successives en Ukraine, la production à son niveau d'avant-guerre...

Les travailleurs russes ont raison d'avoir confiance. Ils ont tout ce qu'il faut pour vaincre. On doit la vérité aux forts ; on se doit d'avertir les conquérants de l'avenir des embûches dressées sur leur chemin.

Comme on voudrait tout de suite leur crier :

— Votre beau matériel humain, ne le négligez pas, ne le gaspillez pas Votre phalange communiste, ne la laissez point se démoraliser ! Vos chefs, ne les décimez pas vous-mêmes ! Votre richesse intellectuelle, votre doctrine communiste, ne la réduisez pas en formules, en casuistique, en clichés ! Votre État, votre industrie, défendez-les mieux, guérissez-les et, pour cela, ouvrez les yeux...

II. — LA CRISE DES BLÉS
LE KOULAK

OPINIONS DE LA DROITE, DU CENTRE
ET DE LA GAUCHE DU PARTI COMMUNISTE.

LA crise des blés s'exprime ainsi : la Russie qui exportait chaque année avant-guerre pour plus de 1.300 millions de francs de céréales — c'était un des greniers du monde — et qui en exportait en 1923 pour plus de 100 millions de roubles a dû, en 1928, importer du blé et recourir à des mesures extraordinaires pour obliger les paysans aisés à livrer leurs grains. « Au début de l'année, déclarait Rykov, le 9 mars 1928, le ravitaillement des villes était menacé ». Une année très dure a passé. Le président du Soviet de Léninegrad, Komarov, déclarait le 28 décembre : « Si les stocks attendus rentrent, nous joindrons, tant bien que mal, es deux bouts jusqu'à l'automne ». L'année 1929 ne verra donc pas s'atténuer la crise des blés qui fait stationner indéfiniment dans les villes des queues devant les boulangeries et aggrave terriblement la lutte de classe dans les campagnes. Les exportations en blé constituaient une des ressources les plus importantes de l'industrialisation ; on leur cherche des succédanés.

Le mal, dénoncé depuis deux ans par une forte opposition au sein du parti communiste, se révéla brusquement trois mois après la défaite de ceux qui avaient vainement adjuré le parti de prévoir. Les opposants ne se lassaient pas de dénoncer l'enrichissement des koulaks, l'incapacité de l'industrie à satisfaire les besoins des ruraux, l'incurie et l'aveuglement d'une bureaucratie qui trouvait que tout allait bien. Ils furent chassés du parti au XVe Congrès en décembre 1927 et déportés dès le lendemain. Le Congrès démentit solennellement toutes leurs allégations. Soyons textuels : la résolution du Congrès dit que :

« 1º La superficie des emblavures a augmenté et la quantité des terres non labourées a rapidement diminué depuis le XIVe Congrès, ce qui traduit le relèvement général de la masse principale des cultures ;

« 2º Dans le domaine politique, le paysan moyen a continué à s'éloigner des koulaks, l'alliance de la classe ouvrière avec les masses des paysans moyens s'est affermie, un changement décisif s'est accompli contre le koulak tendant à l'isoler. »

A peine le Congrès s'était-il séparé que la crise lui infligeait un brutal démenti. Le Parti, dirigé par Staline, donnait un brusque coup de barre à gauche et adoptait bruyamment les deux tiers de la plateforme de l'opposition. L'éditorial de la *Pravda* du 15 février 1928 disait exactement le contraire de la résolution du XVe Congrès : « Dans les campagnes, le koulak s'est enrichi et a grandi ; en tout premier lieu... il retient les réserves de blé pour en augmenter le prix..., il fait autorité... et il entraîne avec lui le paysan moyen... » La disette imposait des mesures énergiques. On appliqua aux détenteurs de céréales l'article 107 du Code pénal qui punit l'accaparement de prison et de confiscation. Une foule d'événements pénibles se produisirent dans les campagnes, les institutions locales ne faisant guère de distinction entre le koulak, habile à dissimuler son avoir, et le paysan aisé possesseur d'un peu de blé. Les

cultivateurs réagirent en ensemençant moins,
du moment qu'ils avaient à craindre la confiscation des excédents. Il fallut bientôt — à la fin
de l'été — que le C. C. du Parti condamnât
solennellement les abus, cessât de recourir à
l'application de l'article 107 et augmentât le
prix du blé. Le malaise ne fut qu'atténué. Le
blé n'affluait guère aux magasins de l'État,
les ruraux aigris se divisaient, les pauvres
(récemment exonérés de l'impôt) enclins à
soutenir les autorités soviétiques, et les koulaks
disposés à résister par tous les moyens. Les
rixes, les assassinats, les incendies, les excès
de toutes sortes se multiplièrent dans les campagnes jusqu'à nécessiter dans les journaux la
création d'une rubrique permanente de crimes
des koulaks.

Quelles sont les causes réelles de la crise ?

1º D'abord la pauvreté générale des paysans
russes, l'état arriéré d'une agriculture qui
emploie encore des millions de charrues en bois
et ignore les engrais chimiques ; 2º L'augmentation de la population, passée de 135 à 145 millions, de 1914 à 1926, malgré la guerre et la
famine ; l'augmentation est, en temps de paix,
de 2 à 3 millions de bouches par an ; 3º La fai-

blesse de l'industrie, qui ne fournit les marchandises dont les campagnes ont besoin qu'en quantité insuffisante ; de là les prix élevés des articles manufacturés et les bas prix du blé ; d'après Rykov (*Pravda* du 11 mars), le déficit des marchandises industrielles — en d'autres termes l'infériorité de l'offre à la demande — atteignait au premier trimestre 1928, 500 millions de roubles ; d'après Kouibychev il devait augmenter au cours de l'année économique 1928-1929 de 14 % ; 4° Les effets du régime bureaucratique dans les campagnes, qui vicient l'application de tous les décrets, permettent aux vrais koulaks de dissimuler leur avoir, grâce à des complicités dans l'administration, et lèsent les paysans moyens, auxquels on applique trop souvent des dispositions fiscales qui ne les visent point ; 5° La résistance consciente des paysans riches, soutenus parfois par la majorité des cultivateurs dont ils représentent les aspirations : car tout paysan aisé ne demande qu'à améliorer encore sa situation et rêve de devenir insensiblement un petit capitaliste.

Le paysan riche, le koulak, est, suivant un mot de Lénine, « un capitaliste en herbe ». Représente-t-il une puissance sociale ? On a beaucoup

discuté là-dessus avec une passion dangereuse.
Pendant deux années, en 1925-27, la majorité
du parti le niait, l'opposition l'affirmait ; les
statistiques étaient sujettes aux variations
les plus curieuses. Les dirigeants du parti ne
voulaient pas admettre qu'il y eût plus de
5 % de koulaks dans l'U. R. S. S. L'opposition
affirmait : 10 %, voire plus... L'étude des campagnes oblige, en effet, à diviser les cultivateurs
en cinq catégories au moins : 1° Les pauvres
qui ne peuvent vivre que de leur travail en qualité de salariés (prolétaires) ; 2° Les pauvres
qui, tout en se louant à de plus fortunés, cul-
tivent un lopin à eux (demi-prolétaires) ; 3°
Les moyens, qui vivent de la culture de leur
parcelle, sans employer la main-d'œuvre salariée ; 4° Les aisés qui ont occasionnellement
recours à la main-d'œuvre salariée et disposent
d'un bon outillage ; 5° Les riches ou koulaks,
qui emploient en général des salariés, possèdent
un bon outillage et des réserves. Ces derniers
représentent à peu près 5 % du total des cultivateurs. Mais ne faut-il pas, au point de vue
social, considérer également comme *koulaks*
les cultivateurs de la 4e catégorie, si voisins
des koulaks ? L'opposition disait : oui ; les

dirigeants disaient : non. Selon que l'on adopte l'un ou l'autre de ces points de vue, il y a 5 % ou 10 % de koulaks. Nous laisserons le lecteur décider lui-même si les paysans moyens les plus aisés sont plus près des prolétaires que des petits capitalistes ruraux.

L'influence d'un groupe social ne correspond d'ailleurs pas exactement à sa force numérique. De même que l'influence d'un millionnaire est infiniment plus grande en Europe occidentale, que celle de nombreuses petites gens, l'influence des paysans riches s'est brusquement révélée assez forte dans les campagnes de l'U. R. S. S. pour mettre en échec toute la politique et ouvrir brutalement la crise des blés. Depuis qu'on a reconnu le danger et déclaré la « guerre au koulak », la *Pravda* n'a pas cessé de relater, tous les jours, les incendies, les meurtres, les assassinats politiques, mais le lecteur des journeaux soviétiques sait que l'on peut, sans exagération, parler de milliers de cas de ce genre. L'affaire de Loudorvaï, jugée par le tribunal révolutionnaire d'Ijevsk (Oural) en janvier dernier, a révélé quelles mœurs les koulaks perpétuent encore impunément dans les campagnes arriérées du pays socialiste. Voici, sur cette affaire,

quelques détails précis donnés par Molotov
— un des chefs du parti — dans la *Pravda* du
26 septembre 1928 : A la fin de juin dernier,
300 paysans Votiaks furent fouettés à Loudorvaï, près Ijevsk. « On les fouetta d'abord
près de l'école, puis près du poste de pompiers.
Les paysans résignés courbaient l'échine en
silence. Tout le monde y passa, même celui
dont les blancs avaient fusillé le père. On enten-
dit dans tout le village les sanglots d'une femme.
Des gamins de 14 à 15 ans furent fouettés.
Ce n'est qu'après coup que l'on se mit à rédiger
un arrêt de tribunal. Quelques paysans se
défendirent à coups de fusil ou à coups de hache.
Ce châtiment était motivé par le mauvais état
des enclos, qui permettait au bétail des uns
d'abîmer les cultures des autres. Les gens de
Loudorvaï furent fouettés par un groupe organisé venu, muni de verges, du village voisin de
Loudzi. Les paysans cossus avaient tenu,
auparavant, une réunion dans la forêt. On
fouetta des cultivateurs dont les enclos étaient
irréprochables. Les pauvres furent le plus durement traités. » L'enquête faite par les journaux
montre que, dans ces villages, le partage le plus
récent des terres avait eu lieu il y a 46 ans. Les

paysans cossus menaçaient de tuer ceux qui parlaient d'un nouveau partage. Ils avaient dissous le comité d'aide mutuelle des pauvres et chassé de l'assemblée du village le président et le secrétaire de ce comité. Il y a dans le district une cellule communiste, comprenant 23 membres du parti et 13 stagiaires. Il y a sans doute aussi une organisation de comsomols. Le parti et les jeunesses ont tout « ignoré », jusqu'à l'arrivée des délégués du Comité régional. « Voilà, s'exclame Molotov, comment se comportent certaines de nos organisations rurales ! » Les autorités soviétiques locales ont été stupéfaites de l'importance que la presse a prêtée à cette affaire... Ces autorités se bornaient à dire que « c'était la coutume » !

Les koulaks n'usent pas que de la manière forte. La *Pravda* relate tous les jours les efforts qu'ils font pour se concilier jusqu'aux pauvres : ils prêtent du blé, des semences, des outils, se rendent populaires, font ici preuve de zèle soviétique et là de ferveur religieuse. Ce n'est pas sans résultats. Populaires, ils s'installent dans les Soviets locaux. Aux environs de la capitale sibérienne, Novo-Sibirsk, dans le district de Bougrinsk, 14 présidents de Soviets ruraux ont dû être révoqués sur 27. Le président du Soviet du village Alexéev payait 300 roubles d'impôts. Aux environs d'Omsk, les membres du Soviet participaient à la vente et à l'achat des terres. J'emprunte tous ces détails à un journal du 21 décembre. La *Pravda* du 6 janvier relate qu'on a vendu, au cours de l'année économique écoulée, pour 1.096.000 roubles d'outillage agricole en Bachkirie. Les koulaks en ont acheté 58,5 %, les pauvres 9 %, les cultivateurs moyens 32,5 %. « Toutes les machines vendues au comptant l'ont été à des koulaks. »

Le koulak n'est pas un mythe. Ce n'est pas non plus un être malfaisant, une grandeur politique, un ennemi machiavélique. C'est une réalité économique résultant nécessairement de causes profondes — du régime de la petite propriété et de la liberté du commerce, de la nep en un mot — et c'est un homme, un capitaliste en herbe, qui défend par tous les moyens ses intérêts, lesquels se confondent souvent avec ceux d'un très grand nombre de paysans (car ceux-ci ont les mêmes conditions d'existence et les mêmes aspirations que lui). Il ne faudrait ni l'ignorer, ni le traquer, ni surtout prétendre le supprimer ou le combattre par des mesures principalement administratives. C'est ici qu'apparaît la gravité des erreurs politiques commises dans les campagnes. Fin 1925, au moment où les paysans infligent, en retardant la livraison du blé, un premier échec au gouvernement soviétique (ce qui entraîna la chute de Zinoviev), Boukharine leur crie : « Enrichissez-vous ! ». Boukharine se rétracte bientôt, mais le XIVᵉ Congrès du parti décide, malgré l'opposition de Zinoviev, une politique de laisser-faire. Pendant deux années, la thèse officielle est que le koulak n'est pas à craindre, que l'évolution des campagnes vers le socialisme est assurée par la coopération, et que ceux qui parlent d'un péril rural sont des pessimistes malintentionnés. Le XVᵉ Congrès (décembre 1927) se tient encore dans cette note mais décide, sous la pression de l'opposition qu'il exclut, d'encourager les exploitations agricoles collectives et de combattre les éléments capitalistes des campagnes, d'ailleurs insignifiants. Six semaines plus tard la crise éclate, le parti déclare la guerre au koulak soudainement découvert et prend contre lui des mesures draconiennes. Le blé rentre, mais la crise s'aggrave. Au bout de quelques mois, le parti décide la suppression des mesures de rigueur, s'efforce de rassurer les paysans, augmente le prix du blé. C'est un peu tard, la crise économique se corse de plus en plus. La guerre au koulak reprend de plus belle après cette essai de pacification. Nous en sommes là.

Il y a un an, les statistiques officielles, citées par Rykov, estimaient que les paysans avaient des réserves de blé se montant environ à 600 ou 700 millions de pouds. Ces statistiques étaient-elles fausses ? Ce blé est-il encore caché ? La seconde hypothèse paraît la plus plausible. Toujours est-il que la majorité des paysans manquent de blé, manquent de pain, manquent de fourrage, ce qui ne veut pas dire qu'une minorité cossue n'en a pas. On observe dans toute la Russie un fait d'une immense gravité : les paysans font de longs voyages pour venir acheter à la ville le pain dont ils nourrissent leur bétail et leurs chevaux ! Pour en finir avec cette pratique, on a institué à Léninegrad, à partir du 1er janvier, des carnets de consommation. L'explication du mal est très simple : le poud d'avoine (16 kg. 400) coûte 3 roubles, alors que le poud de pain noir coûte, à la ville, 1 r. 50. Les erreurs de la politique des prix ne sont pas étrangères à cette situation.

Nous connaissons le mal et ses causes. Que faire ? Trois opinions se heurtent sur ce point parmi les communistes.

Celle de la droite :

« Nos campagnes sont si misérables qu'il faut avant tout leur permettre de se relever. Le koulak est moins dangereux que l'absurde politique de guerre de classes dans les villages. Notre devoir est de pacifier les campagnes et non d'y attiser des haines sociales. Il faut laisser les cultivateurs s'enrichir ; l'enrichissement des campagnes d'où nous tirons les vivres et les matières premières est la condition de tout progrès industriel. Il est insensé de prétendre remédier à la crise en créant de vastes exploitations agricoles soviétiques, car elles ne produiront que dans des années ; leur développement absorbera des millions de roubles qui, jetés dans les cultures individuelles, nous procureraient une amélioration immédiate de la situation. Gardons-nous de trop tendre les ressorts de l'industrialisation quand l'agriculture est dans le marasme. Ce serait tomber dans la périlleuse utopie des trotskistes qui, pour obtenir un développement industriel plus rapide, risqueraient d'allumer la guerre civile dans les campagnes... Parons au plus pressé. Au lieu d'employer des centaines de millions à construire des machines qui ne produiront que dans des années, hâtons-nous de développer l'industrie légère — textile et autre — qui produit pour la consommation immédiate des masses. Il faut remédier à tout prix à la disette... »

Les chefs de la droite, Rykov, Tomski, Boukharine, sont trop habiles pour parler haut et clair avant l'heure. C'est pourtant ce qu'a dit en somme Boukharine dans ses *Notes d'un Économiste* qui lui ont valu une foule d'ennuis. Toute une campagne a été déclanchée contre lui dans le parti. Il s'est tu, mais la lutte entre la droite et le « centre », actuellement dirigeant, semble devoir se rallumer sous peu. En tout cas, ces arguments sont d'un emploi courant. L'état d'esprit de la droite est très répandu dans le parti.

La thèse de la majorité officielle du parti, exprimée par Staline et Molotov, est beaucoup plus voisine de celles des « trotskistes ». On peut la résumer sommairement ainsi :

« Le péril koulak est grand, mais la crise actuelle n'est qu'une crise de croissance dont nous nous tirerons avec de la fermeté, en persévérant inébranlablement dans la voie de l'industrialisation la plus active. Quant à la résistance des koulaks, nous la briserons par la force et par la concurrence des grandes exploitations agricoles soviétiques. Et nous dirigerons, par les voies de la coopération, les campagnes vers le socialisme. La politique de concessions à la petite propriété individuelle, préconisée par la droite, mènerait la République à sa perte en favorisant la formation, dans les campagnes, d'une classe redoutable de petits capitalistes ; en retardant le développement de l'industrie lourde pour mieux satisfaire tout de suite, grâce à l'industrie légère, les besoins des masses, nous deviendrions tributaires de l'étranger pour les moyens de production et même pour la consommation. Ce serait entrer dans la voie de la colonisation économique de l'U. R. S. S. par les pays capitalistes. »

C'est pourquoi les dirigeants du parti combattent en ce moment avec énergie la tendance de droite officiellement qualifiée « opportuniste ». Sur la gauche — l'opposition —

dont ils ont repris à peu près tous les arguments, ils se bornent à dire que son action clandestine l'assimile aux contre-révolutionnaires ; et, pour plus de commodité, ils continuent à lui imputer des idées que tous les opposants que l'on rencontre affirment avec indignation n'avoir jamais professées.

Écoutons maintenant ces derniers.

Ils disent en somme :

« Staline et sa majorité qui n'en fut jamais une, car elle est profondément divisée et s'impose surtout par la pression de la bureaucratie, ont affirmé, des années durant, que l'on pouvait acheminer paisiblement les campagnes vers le socialisme dans un seul pays. La réalité de la lutte des classes dans les campagnes leur a donné, après nous, un vigoureux démenti. Jamais nous n'avons préconisé l'absurde guerre administrative au koulak. Nous disions qu'il fallait tenir compte de la formation d'une classe de paysans riches et agir prudemment, fermement, politiquement, en conséquence, pour n'avoir pas à recourir, aux heures de crise, à des mesures extraordinaires. Nous avons préconisé un emprunt forcé de 150 millions de roubles à imposer aux paysans riches — mais qui leur eût porté intérêt ! Staline nous a accusés à ce propos d'attenter au principe de la *nep* ; mais quelques mois après, aux abois lui-même, il procédait dans les campagnes à des réquisitions brutales, au moyen de l'article 107. La nécessité oblige Staline à répéter, mot pour mot, tout ce que nous avons dit, des années durant, sur la question paysanne, l'industrialisation, le péril de droite dans le parti et même la bureaucratie. Ce serait parfait et nous le soutiendrions sans réserves, nous reviendrions au parti sans reparler d'un passé récent plutôt amer, si Staline ne faisait de notre plate-forme une application caricaturale vouée à l'échec. Remarquez qu'il ne pose, sérieusement, ni la question ouvrière, ni celle du régime intérieur du parti.

Or, sans modifier profondément le régime intérieur du parti et sans améliorer résolument la situation matérielle et politique du prolétariat, on ne peut faire sérieusement aucune politique d'industrialisation et de lutte contre le koulak, le nepman et le bureaucrate, c'est-à-dire contre les forces du capitalisme naissant. Mais Staline, qui ne doit son pouvoir qu'à la bureaucratie, ne peut pas entrer dans cette voie.

« Quant à la droite, elle commet des erreurs susceptibles de devenir néfastes. L'histoire n'attend pas ; le peu d'années de répit qu'elle nous accorde, nous devons l'employer à nous pourvoir de moyens de production, donc à développer avant tout l'industrie lourde, pour na pas être demain une colonie du capital international. Nous devons tenir compte de la rapidité du progrès industriel des pays capitalistes au lieu de rêver au socialisme dans un seul pays et de nous laisser distancer de plus en plus par nos ennemis. Mais la droite n'a de confiance ni dans le prolétariat de l'U. R. S. S., encore capable de remporter bien des victoires, ni dans le prolétariat international qui nous soutiendra, ni dans la révolution mondiale à laquelle elle est encline à renoncer... »

On entend encore exprimer par les hommes les plus divers une opinion qui mérite d'être retenue :

« Peut-être des concessions à l'esprit de propriété individuelle des paysans sont-elles devenues nécessaires. En ce cas, l'essentiel serait de refaire d'abord l'unité du parti. Si les concessions aux paysans s'accompagnent d'une pression économique sur la classe ouvrière et de la continuation de la répression contre les éléments communistes de gauche, elles renforceront puissamment toutes les forces hostiles au socialisme et peuvent avoir une portée désastreuse. Si elles sont faites par un parti dans lequel tous les hommes de la révolution d'Octobre auront repris leurs places — fût-ce dans le rang — et que la démocratie intérieure aura vivifié, épuré, assaini, elles ne constitueront qu'une manœuvre justifiée par l'intérêt supérieur du prolétariat. »

III. — L'INDUSTRIALISATION EST-ELLE EN PROGRÈS ?

LA CONSOMMATION PERSONNELLE
LA RÉPUBLIQUE A-T-ELLE LES RESSOURCES NÉCESSAIRES ?

Tout le monde est d'accord sur la nécessité d'industrialiser ce grand pays agricole et arriéré. Mais dès que l'on s'écarte du pur principe pour poser la question pratiquement, les désaccords commencent, il pleut des chiffres qui finissent par n'inspirer que méfiance ; et l'on a bientôt le sentiment d'une bataille dans les ténèbres.

Les conséquences de la guerre, du blocus et de la révolution avaient complètement ruiné en 1920 la production de la Russie, tombée au cinquième environ de ce qu'elle était en 1913 et parfois à zéro, comme dans le Donetz et dans certaines autres régions minières et métallurgiques. En cinq années de paix sans sécurité vraie, les travailleurs russes, entièrement livrés à eux-mêmes, en butte à l'hostilité persévérante du monde capitaliste, ont reconstitué en grande partie leur outillage et souvent atteint le niveau d'avant-guerre de la production. L'histoire ne connaît aucune autre prouesse de ce genre. Tenons compte du fait que les travailleurs russes ont doté leur production d'une nouvelle organisation, dont ils n'avaient pas le moindre modèle sous les yeux, et qu'ils ont ainsi été des pionniers. Leur victoire était acquise en 1925.

Il serait vain de taire ou d'amoindrir cette victoire qui est pour le prolétariat une des plus grandes raisons d'avoir confiance en lui-même. Mais il serait périlleux de s'en énorgueillir au point de perdre de vue les difficultés qui ont surgi depuis. Nous allons voir qu'elles sont très grandes.

Les chefs du parti ont préféré adopter, dans les grandes circonstances, le langage de l'optimisme sans réserves. C'est Staline exposant, armé d'un vieux texte d'Engels, que les neuf dixièmes du socialisme sont réalisés dans l'U. R. S. S. C'est la presse répétant que le développement économique de l'U. R. S. S. est beaucoup plus rapide que celui des États-Unis. C'est le Pr Varga déclarant au VIe Congrès de l'Internationale communiste à Moscou, en septembre 1928, que « nous sommes dans une année sans crise, bien qu'il y ait quelques difficultés » et ajoutant que le salaire de l'ouvrier russe progresse sensiblement plus que celui de l'ouvrier américain. Textuel : « Le salaire de l'ouvrier russe s'élève, avec l'assurance sociale, à 134 % de celui d'avant-guerre, tandis que celui de l'ouvrier américain n'atteint que 130 %. »

A parler sur ce ton, on risque de provoquer de vives réactions et on ne réussit qu'à créer une « littérature de communiqué officiel », qui n'a bientôt rien de commun avec ce que tout le monde dit, voit et pense.

Année sans crise ? La crise est aujourd'hui reconnue de tout le monde. Il y a depuis plus d'un an et il y aura, sans doute, longtemps encore disette de céréales, de graines alimentaires, de beurre et d'huile, de thé, de papier, de tissus, de cuir, de fer et de fonte, de matériaux de construction. Le coût de la vie augmente, on rencontre des difficultés réelles à se ravitailler, même aux prix forts.

Il n'est plus permis à l'observateur honnête de parler sur le ton d'un certain optimisme officiel auquel la vie donne trop de démentis. Il faut dire ce qui est. Pendant que la production était ramenée au niveau d'avant-guerre, la population augmentait de 10 millions d'âmes, ce qui veut dire que la consommation par tête d'habitant devait tomber, pour 145 millions d'âmes, de 7 à 8 % environ au-dessous du niveau d'avant-guerre. Pour qu'il y ait industrialisation véritable, il ne suffit pas de construire chaque année de nouvelles usines, ce qui est bien, *il faut encore que l'industrie croisse, de façon générale, plus vite que la population* ; et celle-ci s'accroît chaque année de 3 millions d'âmes environ. Pour qu'il y ait industrialisation véritable, cela ne suffirait d'ailleurs pas encore, il faudrait que le développement de l'industrie soviétique tendît à rattraper celui des pays capitalistes avancés. Les amis de l'U. R. S. S. doivent avoir le courage de dire qu'il n'en est pas ainsi. La crise actuelle montre que la croissance de la population et de ses besoins est plus rapide que celle de l'industrie ; et qu'il n'est pas question non plus de rattraper les pays capitalistes avancés. Ayons le courage de poser le problème dans toute sa gravité. On a publié en Russie et à l'étranger les chiffres indiquant le développement de l'industrie automobile depuis 1913. Ne vivons-nous pas à l'âge de l'automobile ? Il y avait dans le monde entier, en 1913, environ 2.500.000 autos et la Russie en avait 11.000. L'U. R. S. S. a rattrapé à cet égard le niveau d'avant-guerre, avec 11.000 autos ; mais il y en a plus de 21.000.000 dans le monde. Sans doute ne peut-on pas exiger de l'U. R. S. S. de plus grands miracles que ceux qu'elle a faits et qui sont assez réels ; mais il est de son intérêt de voir les choses telles qu'elles sont, justement parce que ses débuts lui donnent le droit d'avoir confiance en l'avenir. Un mal connu est parfois un mal à demi vaincu.

Par quelles voies continuer ? L'industrie légère, celle qui fournit à la consommation, est en somme reconstituée, quoique son effort s'avère insuffisant. L'industrie lourde, la métallurgie qui fabrique surtout des moyens de production, est encore très faible. La politique de l'industrialisation consiste en ce moment à développer surtout la fabrication des moyens de production, afin que l'U. R. S. S. ne soit pas à cet égard tributaire de l'étranger. Mais ici les

opinions se divisent. La « droite » du parti
pense que la disette est trop grave, qu'il faut
satisfaire d'urgence les besoins des campagnes
et développer par conséquent l'industrie légère.
Boukharine soutient dans ses *Notes d'un économiste* (*Pravda*, 30 septembre 1928) qui ont
été sévèrement critiquées dans le parti, que
l'industrie arrive, du fait du marasme de l'agriculture, à la limite de son effort. « La vitesse
du développement de l'industrie dépasse extraordinairement celle du développement de l'agriculture. » C'est en somme le contre-pied de la
thèse de Trostki, qui soutient que le marasme
de l'agriculture est dû à la lenteur de l'industrialisation, les villes ne fournissant pas aux
paysans les moyens de développer leurs cultures. Et Boukharine de souligner à son tour,
un an après l'opposition et en se plaçant à un
tout autre point de vue, les défauts criants
des plans quinquennaux qui annoncent, dit-il,
« un déficit rapidement croissant dans toutes
les catégories de la consommation des métaux ».
A l'appui, il donne un tableau de prévision de
la production des métaux noirs de 1926-27 à
1928-29, qui montré que les besoins satisfaits
dans la première année, dans la mesure de 82 %,

ne le seront plus dans la dernière que pour 71 %.
Quant à la satisfaction des besoins de la population, elle doit tomber de 60,2 % à 56,6 %, car il va de soi que la plus grande part des métaux ira aux chemins de fer et à l'industrie. Boukharine conclut qu'il faut, d'urgence, atténuer la disette, constituer des réserves dont on a eu le tort de ne se point soucier, ne pas tendre à l'excès les ressorts de l'industrie, ce qui ferait échouer les plus beaux plans, « éviter les faux frais et les dépenses inutiles qui atteignent des montants fabuleux ». Ajoutons que, depuis la publication de ces notes, Boukharine a été révoqué de ses fonctions dirigeantes et pratiquement bâillonné.

Rappelons qu'un an et plus avant Boukharine, l'opposition dirigée par Trotski et combattue avec acharnement par Boukharine signalait tous ces périls dans ses contre-thèses de novembre 1927. Voici ce qu'elle écrivait notamment sur le chapitre de la consommation :

« La *consommation personnelle* en produits industriels, qui est tout à fait minime actuellement, ne doit augmenter en cinq ans que de 12 %. La consommation de tissus de coton en

1931 sera de 97 % de la consommation d'avant-guerre et ne sera que le cinquième de la consommation aux États-Unis en 1923. La consommation de charbon sera de 1/17 de la consommation en 1926 en Allemagne, et de 1/17 de la consommation aux États-Unis en 1923. La consommation en fonte sera de moins d'un quart de la consommation en Allemagne en 1926, et de 1/11,5 de la consommation aux États-Unis en 1923. La consommation en papier sera à la fin des cinq ans de 83 % du niveau d'avant-guerre. Le plan quinquennal « le plus optimiste » du Conseil supérieur de l'Économie nationale n'introduit aucune modification essentielle aux proportions citées ; par exemple, la consommation en coton par tête ne sera en 1931-1932 que de 106,8 % de la consommation d'avant-guerre. Tout ceci, quinze ans après la Révolution d'Octobre ! Présenter au Xe anniversaire de la Révolution d'Octobre un plan aussi étriqué, absolument pessimiste, c'est en pratique, travailler contre le socialisme. »

Le plan quinquennal, que Trotski et ses amis traitaient de la sorte, a subi depuis quantité de modifications successives. Nous ne savons

pas l'avis de Trotski sur son aspect actuel ;
mais nous savons celui de Boukharine ; et nous
savons surtout que la consommation des masses
n'a pas augmenté en fait, loin de là, et n'est
pas près d'augmenter.

La droite accuse parfois — d'après les journaux — les dirigeants actuels du parti, de
tomber dans l'erreur, généralement imputée à
Trotski, d'une industrialisation excessive. *Y a-t-il
trop de socialisme dans l'U. R. S. S. ?* deman-
dait *la Pravda* le 14 novembre 1928, et elle
citait des chiffres curieux. En 1928-29, la
production socialisée occupait dans le pays
près de 11 millions de personnes (soit 13,1 %) ;
la production individuelle, à tendance plutôt
capitaliste, principalement rurale, occupait le
reste de la population, soit 86,9 %. Il ne semble
vraiment pas que le socialisme soit trop fort...

IV. — LE GASPILLAGE BUREAU-CRATIQUE DANS L'INDUSTRIE

Dans l'entretemps, la cessation, pour plusieurs années, de l'exportation des blés, a diminué les ressources de l'industrialisation. Mais tout le monde semble d'accord sur un point : ces ressources existent dans le pays, il suffit de savoir les chercher et les employer. Nous avons vu Boukharine indiquer que les « faux-frais atteignent des montants fabuleux ». Des camarades de l'opposition m'ont dit :

— Des ressources ? Nous en avons. Il suffit de ne pas les gâcher.

Laissons parler les faits tels que nous les trouvons dans les journaux. On a jugé en 1926 des bureaucrates qui, chargés de diriger les travaux d'irrigation du Turkestan, avaient dépensé 70 millions de roubles, dont 8 millions seulement avaient été utilement employés. On a jugé au début de janvier 1928, à Bakou, le personnel du service des eaux de l'Azerbeidjan qui, chargé de creuser un canal d'irrigation qui devait coûter 376.000 roubles, a dépensé 11 millions dans ces travaux. Un autre canal a, de même, coûté 2 millions au lieu des 700.000 prévus et n'irrigue que 75 hectares au lieu de 10.000 (presse soviétique du 9 janvier), etc.

On reconstruit depuis 3 ans, à Kertch, en Crimée, une formidable usine métallurgique. Déjà 20 millions ont été dépensés sans que les plans définitifs de l'usine aient été arrêtés. Les travaux ont été commencés sans plans ni devis. On comptait d'abord qu'ils coûteraient une vingtaine de millions et dureraient trois ou quatre ans. Après quatre ans, le coût total de la reconstruction de l'usine est estimé à 64 ou 66 millions au minimum ! Et il est trop tard pour arrêter une entreprise aussi coûteuse. On s'aperçoit aussi qu'il sera difficile de faire venir à Kertch le combustible du Donetz ; on s'aperçoit enfin que la production de la nouvelle usine risque d'être d'un prix plus élevé que celle des vieilles usines. Les responsables de ce beau gâchis sont dans les bureaux du Glavmétal (centre des Métaux) et du trust Yougostal. Tous les détails de cette histoire ont été publiés par la *Pravda* du 8 septembre 1928.

Ce n'est pas un cas isolé ; c'est plutôt un cas typique. Les nouvelles verreries sont dans le même cas. Voici des données précises sur l'industrie du papier (*Pravda*, 20 janvier 1928). En 1925, on arrêtait le plan de plusieurs fabriques de cellulose, de papier, etc., qui doivent être construites à Balakhna (Volga) et ailleurs, et coûter 40.500.000 roubles. On se mit à l'œuvre, trois ans passèrent. Le devis de construction monta à 65.300.000 roubles, tandis que les prévisions de production des futures usines baissaient. Tant on s'y était mal pris ! La fabrique de papier de Kondopog (en Karélie) devait produire du papier à 140 roubles la tonne. On s'aperçoit maintenant que son papier coûtera 235 roubles la tonne.

L'extraction de la tourbe, excellent combustible à bon marché, est en progrès sur son état d'avant-guerre. Mais le prix de la tourbe augmente « par suite de l'énormité des frais généraux » ! Dans une tourbière de Tchernoramensk, près Nijni-Novgorod, il y a pour 1.500.000 r. de nouvel outillage inutilisable ! L'outillage arrive, par contre, avec de gros retards, ce qui fausse tous les programmes de la production et tous les prix. La construction des logements ouvriers coûte 20 % de plus qu'il n'avait été prévu. « Dans les devis, certaines dépenses sont fortement exagérées (de 400 % parfois) », etc. *(Pravda)*.

Pas de trusts dont il n'ait fallu, au cours des deux ou trois dernières années, éclaircir devant les tribunaux les histoires de gabegie, d'incurie et de pots-de-vin. Voici à cet égard des chiffres qui, pour n'être pas tout à fait récents (il n'en a pas été publié de plus récents) n'en sont pas moins caractéristiques :

Montant des gaspillages, d'après le dossier des commissions de révision et des tribunaux : trust Severoless (forêts du nord) 2.500.000 roubles en 1925 ; trust Azneft (pétroles de l'Azerbeidjan) : 2.500.000 roubles en 1923-24 ; trust des soieries de Bogorodsk : près de 5.000.000 en 1922-24 ; chemins de fer : 9.000.000 de roubles pour le 1er semestre 1925-26 ; 85 exploitations agricoles en 1924-25, 1 million ; *Tchaïoupravlénié* (syndicat du thé) : 801.000 roubles en 1925-26 ; industrie forestière de Léninegrad : 1 million 278.000 roubles en 1925 ; trust du cuir, 500.000 roubles en 1925, à Léninegrad ; port de

Léninegrad, 2.500.000 roubles de vols et dilapidations, affaire jugée en 1925 ; dépôts de
l'armée, à Moscou, 720.000 roubles de dilapidations en 1924-25. Dans nombre de cas, les
fonctionnaires des entreprises de l'État socialiste étaient en rapports d'affaires avec les
nepmans qu'il leur était facile d'enrichir.

Une rubrique particulière est celle des *grandes
constructions d'apparat*, parmi lesquelles la
Pravda du 28 décembre 1928 classait le nouvel
hôtel des postes et télégraphes de Moscou qui
a coûté très cher et n'était absolument pas
nécessaire, les dépendances en construction de
la Banque d'État à Moscou, deux banques à
Ivanovo-Voznessensk, le palais de l'Industrie
de Kharkov. Ces édifices serviront, mais il
eût été plus urgent d'en bâtir d'autres. N'eût-
on pas mieux fait, par exemple, de consacrer
les sommes qu'ils ont englouties à l'édification
d'habitations ouvrières ? La classe ouvrière
de l'U. R. S. S. souffre terriblement de la
crise des logements. Dans le Donetz, on a
bâti 10 palais de la culture ouvrière, qui ont
coûté de 6 à 11 millions, on ne sait pas au juste,
et sont aujourd'hui mal administrés ou délaissés,
car on a négligé de tracer, aux environs, de

bonnes routes bien éclairées le soir. Le palais de la culture ouvrière à Stalinsk (Donetz) est resté inachevé: il devait coûter 1.500.000 roubles, il a déjà coûté 3 millions. On l'a entouré de clôtures et abandonné (*Pravda*, 9 janvier 1929).

Les faits de cet ordre sont si nombreux, qu'ils constituent plutôt la règle que l'exception. Une grande partie des ressources qui pourraient aller à l'industrialisation du pays et à l'amélioration de la situation des travailleurs sont gâchées ; voilà ce qu'il faut retenir.

D'où viennent-elles et d'où vient que l'économie soviétique est quand même en progrès (on bâtit mal et ça coûte cher, mais on bâtit et ça donnera) ? C'est que la révolution fait dans une très large mesure l'économie d'une classe dirigeante. Le pays n'a pas une bourgeoisie opulente à entretenir dans le luxe.

Pourquoi ce gaspillage ? Ou plutôt par qui ? Faisons la part de l'inexpérience de la classe ouvrière arrivée au pouvoir. Rappelons-nous que la République n'en est qu'à sa XIIe année. L'ordre capitaliste était-il mieux organisé à ses débuts ? Que les historiens nous répondent. Leur réponse nous suffira à défendre péremptoirement la dictature du prolétariat contre les attaques des apologistes du capital, qui ferment si volontiers les yeux sur l'immense gaspillage de forces humaines et de richesses qui est de règle dans la société capitaliste. Mais nous recherchons les causes du mal pour le combattre.

Parlant au Congrès des Syndicats, à la mi-décembre 1928, l'un des chefs du parti communiste, Ordjonikidzé, disait :

« Nous avons trois sortes de collaborateurs dans nos bureaux : une petite minorité d'ennemis déguisés mais conscients ; des fonctionnaires qui touchent leurs appointements et ne se préoccupent guère du socialisme ; des techniciens et des fonctionnaires qui luttent pour le socialisme. » Quiconque a vécu dans l'U. R. S. S. sait que les fonctionnaires qui se moquent du socialisme sont probablement la majorité dans les bureaux de l'État ouvrier et paysan ; et que la minorité des fonctionnaires et des techniciens socialistes est placée dans des conditions de travail exceptionnellement défavorables. Exemple : à la fin de mars 1927, la grande fabrique de parfumerie Tégé demande des huiles au Conseil économique de Moscou. En avril 1928, la parfumerie n'avait pas encore

obtenu ses huiles, mais les formalités conti-
nuaient ; à cette date 28 lettres avaient été
écrites sur cette affaire, par les organes dirigeants supérieurs, 44 lettres par la parfumerie
Tégé et par le Conseil économique de Moscou,
on avait tenu 13 conférences et cinq fois délibéré
dans les conseils économiques suprêmes de la
République ; les commissaires du peuple avaient
télégraphié 8 fois. La relation détaillée de ce
fait dans la *Pravda* est vaudevillesque. Que
peut dans cet engrenage la bonne volonté du
fonctionnaire, du bon technicien communiste ?

Que dire de l'affaire des pièces de rechange
pour les tracteurs automobiles ? On a importé
des tracteurs de l'étranger, on en fabrique en
Russie même. L'agriculture en a le plus grand
besoin. Mais on a négligé de fabriquer des
pièces de rechange, si bien que des milliers de
tracteurs se trouvent hors d'usage une bonne
partie de l'année, faute d'une pièce souvent
peu importante par elle-même. Le scandale
est publié le 29 janvier dernier par la *Pravda* :
« Pendant deux ans et demi — écrit ce journal —
les réclamations, les demandes, les avis auto-
risés, les procès-verbaux de conférences ont
grossi le dossier, sans que l'on fît rien d'effectif

pour augmenter la fabrication des pièces nécessaires aux tracteurs. » Les usines Poutilov en
fabriquent, mais ne satisfont que 15 % de la
demande...

Ce système s'appelle le système bureaucratique. Il est impossible d'évaluer le préjudice
qu'il cause à l'U. R. S. S., dont il compromet
l'avenir. Nous retrouverons ce mal dans tous
les domaines de la vie sociale. Essayons de le
définir dans l'industrie. C'est que tout se fait
par des bureaux remplis de fonctionnaires
nommés par leurs supérieurs ou par les comités
du parti, qui tous ont l'horreur des responsa-
bilités et dont beaucoup n'ont qu'un minimum
de compétence... Dans les bureaux tout se fait
par des papiers qu'on enregistre, numérote,
fait suivre, annote indéfiniment ; ainsi s'occupent
des ronds de cuir, grignotant tout doucement
leurs appointements. Chacun, afin d'éluder
une responsabilité, s'efforce de passer la pièce
à son voisin. Les chefs qui décident ne voient
que des papiers qu'il leur est impossible de
bien lire, et à plus forte raison de comprendre.
Quant à songer à suivre les affaires dont leur
signature emporte la décision, impossible. Un
chef de trust ou d'administration a souvent

tant de signatures à donner qu'il se fait faire
un tampon-signature en caoutchouc et... le
confie à son secrétaire. Ainsi celui qui signe,
le responsable en titre, ne sait pas ce qu'il signe ;
et celui qui envoie un papier à signer, sait peut-
être très bien ce qu'il fait, mais n'en porte pas
la responsabilité.

Chacun dans la machine bureaucratique,
soumise elle-même à des tas de contrôles, non
moins bureaucratiques eux aussi, craint de
perdre son emploi, par ces temps de chômage.
Aussi la règle du petit fonctionnaire est-elle :
« pas d'histoires. » Voit-il gaspiller des milliers
de roubles ? Il en parle à ses connaissances,
dans un cercle intime, mais se garde bien de
prendre la parole à la conférence de production de l'entreprise. Son supérieur ne lui pardon-
nerait pas ça. Pour garder sa croûte, ses cent
roubles par mois, il laisse aller la barque.
L'ouvrier pense le plus souvent de même. Les
conférences de production qui réunissent tous
les salariés d'une entreprise sont mornes, bien
que l'on tente chaque année, par des circulaires
énergiques, de les ranimer...

L'homme d'initiative et d'énergie, le bon
administrateur, le talent industriel, peut-il se

manifester dans ces bureaux ? Il est à peu près impossible qu'il fasse sa trouée. Le rouspéteur, l'esprit critique, est vite « embarqué » dans une sale histoire. Au bout de quelque temps, chacun comprend que la suprême sagesse est de se tenir coi. La carrière du sans-parti dépend du parti ; la carrière du communiste dépend de la bureaucratie du parti. Dans les deux cas, ce ne sont pas les capacités qui sont recherchées, ce sont les facultés d'adaptation et d'exécution (apparente), le zèle, le « bon esprit ». Les rouages du parti et de l'industrie sont encrassés du haut en bas par la médiocrité zélée et bien pensante qui gravite autour du pouvoir. Au point de vue de l'édification industrielle, qui veut de l'énergie et de l'intelligence, elle ne vaut pas grand chose, même quand elle provient de la classe ouvrière. Les gazettes murales sont fabriquées à peu près en série, par cette gent zélée qui sait très bien à qui l'on peut s'en prendre et ne manque jamais de donner, au nom de l'autocritique, le coup de pied de l'âne au sous-chef de bureau en passe d'être disgrâcié. Un dernier trait : les dirigeants de l'industrie ne sont pas nommés et ne restent pas en place d'après leur compétence ou leur passé, mais d'après leur bon ou mauvais esprit politique. Chaque discussion au sein du parti — et l'on y « discute » sans arrêt, avec acharnement, depuis 1923, malgré l'unanimité des résolutions — entraîne la disgrâce d'une partie des cadres de l'industrie. Un directeur de fabrique de confection vote-t-il en 1924 contre Zinoviev ? Il est relevé de son poste et envoyé, par exemple, à Prague en qualité de représentant du trust du caoutchouc, auquel il ne connaît rien. Mais en 1925, dans sa nouvelle fonction, il vote de nouveau mal. Nouvelle révocation. Cette fois, on l'envoie diriger le service municipal d'une grande ville de province. 1926 : notre obstiné vote mal une troisième fois, cette fois avec Zinoviev. A peine a-t-il eu le temps de se mettre au courant de son service municipal qu'on le déplace et qu'on le fourre dans un service de statistique... Ainsi de suite. C'est ainsi que, pour avoir soutenu Zinoviev en 1926, le chef de la flotte de la Baltique, Zof, devint... président du trust des potasses ! Zinoviev lui-même, spécialisé, semble-t-il, dans l'agitation internationale, est devenu un des dirigeants de la coopération à laquelle il est probable qu'il ne connaît pas grand chose. Quand on songe qu'il faut de longues annéed'expérience pratique pour former un chef d'industrie, on comprend tout ce que de pareilles coutumes ont d'insensé. L'écrasement de l'opposition trotskiste a arraché à l'industrie soviétique plusieurs centaines de dirigeants de la première heure, qui comptaient, à coup sûr, parmi les plus capables et les plus désintéressés. Un inconnu a remplacé Trotski au Comité des Concessions. Il est vrai qu'en décembre 1923, une décision du Comité central du parti précisait que les membres du parti ne devaient pas être relevés de leurs emplois dans la production en raison de leurs opinions politiques. Des résolutions analogues ont été prises et reprises depuis : on les applique à rebours.

Je conclus : la République socialiste a de grandes ressources en hommes et en argent. Elle peut venir à bout des tâches de l'industrialisation à condition de ne point dilapider ces ressources, c'est-à-dire de remédier d'urgence au mal bureaucratique.

V. — LE CINÉMA. — LE LIVRE

Voyons, si vous voulez bien, les effets de la gestion bureaucratique dans les domaines de la production les plus importants pour le développement intellectuel du pays : le cinéma, le livre.

Quelques chefs-d'œuvre (*le Cuirassé Potemkine, la Mère*), un certain nombre de films excellents (*la Fin de Saint-Pétersbourg, le Descendant de Tchinghiz-Khan, Tsar et poète, les Décembristes*), ou passables (*Octobre, la Salamandre*), ont fait à l'étranger, au cinéma soviétique, une réputation excellente et méritée. Le cinéma soviétique a pris de grandes initiatives que, seul, il pouvait prendre, car elles ne sont possibles qu'au pays de la révolution. Il a posé magnifiquement le problème social et on a vu combien le naturalisme, l'enthousiasme, la foi révolutionnaire du prolétariat peuvent féconder un art. Il a révélé la puissance des actions de masses.

Il s'est dégagé de la sottise bourgeoise, de la pitoyable littérature de l'écran occidental et de l'effarant truquage sensationnel des films américains. Il a fait de sain et bon travail. Ce qu'il a si bien commencé, il doit le continuer. Pour cela, il doit guérir, lui aussi, de ses maux, des maux que ses amis doivent connaître. Ne faut-il pas déplorer sa stérilité relative des dernières années ? Eseinstein a raté son *Octobre*, c'est dans l'U. R. S. S. une opinion à peu près générale. A dix ans de distance, le film ne tolère pas qu'on projette l'histoire comme le père Loriquet l'écrivait. On a commandé au grand artiste un *Octobre* sans Trotski. Il a fallu couper, couper, recouper pour bannir à peu près complètement du film l'une des plus grandes et des plus actives figures d'*Octobre*, celle qui voisina le plus avec Lénine. Ce mensonge criant aurait suffi à discréditer aux yeux du public russe un vrai chef-d'œuvre. On a joué récemment un nouveau film russo-allemand compromis par d'autres fautes de goût et de tact, *la Salamandre*. L'un des deux scénaristes n'est autre que Lounatcharski, qui apparaît d'ailleurs sur l'écran au cours de l'action et dont la femme tient, assez médiocrement d'ailleurs, le premier rôle féminin. Le drame pose un vaste problème, celui de l'esprit scientifique traqué par une réaction d'esprit féodal ; mais les scénaristes l'ont corsé de coups de poignard, d'empoisonnements, de crimes de jésuites, selon la tradition du roman-feuilleton anticlérical d'il y a bien longtemps. On reconnaît là une des faiblesses de Lounatcharski, auquel son penchant au mélodrame joue de si vilains tours que la projection de son film, *le Poison*, a été interdite l'année dernière par le Comité du répertoire de l'U. R. S. S. Mais pourquoi le cinéma soviétique accueille-t-il si volontiers les péchés d'un Commissaire du peuple ?

Boukharine a constaté naguère que « l'industrie du cinéma est la plus pauvre de nos industries ». Dans tous les pays du monde, l'industrie du cinéma fait pourtant de bonnes affaires. Elle pourrait en faire dans l'U. R. S. S., où 1.500 écrans font, chaque année, quelques 100 millions de roubles de recettes (ce qui est peu). La situation du cinéma a été étudiée sous toutes ses faces en novembre-décembre 1927 par des conférences et par *la Gazette du Commerce et de l'Industrie* de Moscou (articles de V. Mestchériakov, déc. 1927). C'est là que je suis allé me documenter. Eh bien ! En 1926

le déficit de trois grandes entreprises soviétiques
de cinéma, *Proletkino*, *Goskino* (Ciné-État), *Leni-
negradkino* atteignait 5.000.000 de roubles.
Causes : mauvaise gestion. Le *Mejrabpom-
Rouss* seul n'avait pas de déficit. On réorganisa
des entreprises en une seule, le *Sovkino*. Le
Sovkino, ne pouvant fournir à la consommation
intérieure, a littéralement inondé l'U. R. S. S.
de productions étrangères, généralement vieilles
et médiocres, sinon très au-dessous du médiocre...
La province russe est inondée de films américains de la pire sorte. Dans le meilleur, des
cas, c'est Harold Lloyd, Douglas Fairbanks,
Mary Pickford, que l'on admire à Riazan,
Kalouga, Penza, Kinechma... Que peuvent
donner ces films américains même plus ou
moins coupés et accompagnés de textes nouveaux, souvent peu réussis, aux travailleurs
de l'U. R. S. S. si avides de savoir, de culture
et de vie nouvelle ? Les meilleurs films étrangers
étant trop chers n'ont pas été achetés par le
Sovkino. De 1925 à 1927, le nombre de films
étrangers projetés dans l'U. R. S. S. a passé
de 2.000 à 5.508. Des millions de roubles ont
été ainsi dépensés en achats d'une nécessité
et d'une valeur problématiques, tandis que

toute la production du cinéma soviétique en 5 ans, jusqu'à la fin de 1927, était de 322 films. La plupart de ces 322 films sont d'ailleurs, de l'avis de la presse soviétique, franchement mauvais : ce ne sont que plates imitations de la fabrication étrangère. Quelques dizaines de films de guerre civile, d'histoire révolutionnaire, d'ethnographie ou d'agitation font exception. Mais il faut bien dire que l'agitation canalisée par des cinéastes qui s'adaptent au communisme sans le comprendre et par des fonctionnaires plus soucieux de faire carrière que de servir l'art et la révolution finit par excéder le public soviétique : les films « révolutionnaires » de second ordre ne tiennent pas l'affiche plus de quelques jours. Ils vident la salle. Mais la foule ne se lasse pas d'Emile Jannings.

Je ne signale ici que les maux les plus graves dont souffre le cinéma soviétique. Il coûte cher, produit peu, sa production est plus souvent médiocre que bonne, ses importations sont détestables, sa gestion a généralement été mauvaise. Or, il a tout ce qu'il faut pour prospérer : un public avide, vivant, innombrable ; de chaudes sympathies et une juste renommée à l'étranger ; des sites merveilleux (Caucase,

Crimée, Orient, Sibérie) ; des talents de premier ordre, un acquit déjà remarquable ; un fond moral — idées, aspirations — que nul Hollywood ne peut acquérir. Alors ?

L'inspection ouvrière ayant étudié le fonctionnement de la librairie de l'État *(Gosizdal)* en 1925-26, publiait le 23 juin 1927, dans la *Pravda*, un bref rapport relatant les faits suivants :

Les bureaux constituent une lourde machine composée de 180 services, sections, sous-sections, secteurs mal organisés, mal liés. La seule direction centrale avait, au 1er janvier 1927, un personnel de 1.148 personnes. Ce personnel excessif était coûteusement instable (chaque employé renvoyé touche quinze jours ou un mois de salaire). Les travaux de rédaction des manuscrits achetés coûtaient parfois plus cher que les droits d'auteur, c'est-à-dire que le manuscrit même. La section rurale paya en 1926 aux auteurs 74.380 roubles et aux rédacteurs qui mirent au point les manuscrits de ces auteurs 106.028 roubles (143 %). Les frais généraux se montaient à 175 % et parfois même à 400 % des frais de production du livre proprement dit. Le livre, trop cher, devenait de ce fait

inaccessible aux petites gens et ne se vendait
pas. Passé quelque temps, on le vendait parfois...
au poids. Les stocks de la librairie contenaient
au 1er janvier 1927 pour 5.930.000 roubles de
livres considérés comme invendables, inutiles,
soit 30 % de la production totale. Le coût de
la production augmentait, de même que les
frais de rédaction ; la vente avait diminué
en un an de 19 %, mais les frais commer-
ciaux avaient augmenté de 7 %. La compta-
bilité du Gosizdat accusait un bénéfice de
440.000 roubles qui, à la vérification, se trans-
forma en un déficit de 3.434.000 roubles.
L'article de la *Pravda* auquel j'emprunte ces
chiffres voyait la cause du mal dans une « mauvaise direction » et proposait de relever de ses
fonctions le directeur du Gosizdat, Broïdo.
Mais un an auparavant, ce même directeur
du Gosizdat, étudiant le travail de ses devanciers,
avait écrit des articles, également dans la *Pravda*,
d'un contenu tout aussi attristant. Le Gosizdat
n'était pas mieux dirigé avant lui. A-t-il été
mieux dirigé après lui par le camarade Khalatov ? Je ne crois pas que les qualités ou les
défauts de quelques dirigeants puissent expliquer
la crise permanente du Gosizdat. Nul n'ignore

dans l'U. R. S. S. que les livres scolaires manquent et arrivent toujours en retard ; que la diffusion des livres édités par le Gosizdat est franchement mauvaise (si vous voulez acheter un roman, il faut que vous preniez la peine de le rechercher : il n'ira au-devant de vous ni par la vitrine, ni par la publicité, ni autrement) ; que la qualité de sa production est très sujette à critique ; que le livre est trop cher (le livre à 2 et 3 roubles est commun ; il va de soi que le travailleur ne peut pas l'acheter) ; que les éditions à bon marché sont trop peu nombreuses. Quel est le coupable ? C'est encore, c'est toujours le système bureaucratique qui écarte les compétences, annihile les initiatives, institue une centralisation excessive et paperassière, multiplie les parasites.

Restons dans le domaine littéraire. Qu'un jeune auteur russe propose au Gosizdat un livre hardi et neuf, des censeurs timorés hésiteront longuement à la prendre ou le refuseront, alors qu'un directeur intelligent de librairie socialiste le lancerait sur-le-champ avec profit. Qu'un terne arriviste propose par contre au Gosizdat une vague production d'actualité, bourrée de citations de Lénine, on lui paiera bon prix son

livre que personne n'achètera et qui finira
par désoler dans les campagnes les habitués
des izbas-bibliothèques. Quelques librairies privées existent dans l'U. R. S. S. On a dû limiter
strictement leur activité à des éditions techniques
ou littéraires pour que leur concurrence ne fût
pas aisément néfaste au Gosizdat. Des librairies
coopératives telles que la *Zémlia i Fabrika* de
Moscou ont réussi — où le Gosizdat échoue —
à monter d'excellents services d'éditions qui
fonctionnent sans déficit.

La librairie de l'État jouit cependant de privi-
lèges considérables : elle détient un vaste mono-
pole de fait, dans un pays jeune qui réclame des
livres, qui aime le livre, dans un pays où toute
une génération montante, issue de la révolution
prolétarienne, ne demande qu'à s'exprimer, à
créer, à apprendre, à lire. Alors !

VI. — COOPÉRATION

LA coopération joue dans l'U. R. S. S. un rôle incomparablement plus grand que nulle part ailleurs. Les produits de l'industrie et les denrées achetés par les services étatisés du commerce de gros sont vendus à la coopération qui les vend à son tour au consommateur. Organe de la répartition, la consommation domine le marché des grandes villes et commence à tenir une place de plus en plus importante sur le marché rural. Elle semble destinée à éliminer par la concurrence le commerce privé. Mais justement en raison des espoirs qu'elle entretient et suscite, nous devons connaître les maux dont elle souffre. Ces maux, connus de tout le monde dans l'U. R. S. S., créent souvent dans la population un mécontentement légitime.

Dans l'état actuel des choses, des queues stationnent en permanence auprès des coopératives. On fait queue pour le pain, pour le beurre, pour le thé, pour les pâtes alimentaires, pour les tissus, pour le pétrole. Les coopératives ne recevant ces produits qu'en quantités insuffisantes, ne les vendent plus aux non-coopérateurs et rationnent strictement les coopérateurs. On touche 1 kg. 500 de beurre par mois et par livret de coopérateur : la ration du coopérateur qui a cinq enfants est donc la même que celle du célibataire. Les coopératives ont enfin profité de la disette des vivres pour augmenter sensiblement la part du coopérateur qui était généralement de 5 roubles il y a 2 ans et se monte maintenant à 15 roubles (et il est question de l'élever à 20, 40, 50, 75 roubles, à proportion du salaire du coopérateur ; on a même proposé de l'élever au montant d'un mois de salaire ; on ne se soucie pas, ce faisant, des charges familiales et autres du travailleur) et supprimé la *rislourne* de 2 %, à laquelle les coopérateurs avaient droit naguère. De sorte que l'on entend parfois comparer le livret de coopérateur à une carte de consommation assez chèrement payée, car il est pratiquement difficile de retirer son argent de la coopérative, qui ne donne qu'un minimum nettement insuffisant de vivres. Le complément doit être demandé au commerce privé, c'est-à-dire payé 2, 3 et 4 fois plus cher. Depuis un an le prix des lentilles et des haricots a quintuplé environ dans le commerce privé, le prix du beurre a doublé. L'ouvrier chargé de famille est souvent dans l'impossibilité de payer plusieurs parts de coopérateur ; et sa femme n'a pas toujours le temps de faire la queue des heures durant, sous la bise, et l'hiver par des froids de 20°.

Et que dire de faits comme ceux qui se sont passés à Moscou et Léninegrad l'an dernier ? Les coopératives avaient acheté à bon prix en grandes quantités de la volaille, des cochons, des concombres, des melons. Des trains entiers, pleins de volaille et de primeurs, stationnèrent longuement dans les gares de marchandises. La moitié de leur contenu se perdit... et le prix de l'autre moitié augmenta d'autant ! Les melons furent chers... parce qu'ils avaient été à trop bon marché !

Les magasins sont toujours bondés : queue au comptoir, à la caisse, à l'emballage, partout. D'après les journaux de Moscou, la cause de ces queues est dans l'insuffisance de personnel. Où il faudrait un commis pour 2.000 clients, il y a un commis pour 5.000 clients. On a calculé que les acheteurs des magasins de primeurs de la coopérative *Kommounar*, à Moscou, perdent chaque jour 11.000 heures à faire la queue, soit 4.000 roubles de salaire moyen (*Pravda*, 19 décembre 1928). On fait ici, au détriment des consommateurs et du personnel surmenés, ce que la bureaucratie appelle des économies.

Les boutiques privées, auxquelles les trusts refusaient de vendre des produits et que la pression fiscale accablait, ont fermé en 1927-28 par dizaines de milliers. D'après la *Pravda*, du 19 décembre 1928, 182.546 boutiques ont fermé dans l'U. R. S. S. en 1927-28. La coopération est loin, très loin, de les avoir remplacées.

Il faudrait les remplacer, et il n'y aurait qu'à se féliciter de cette victoire de la coopération sur le commerce privé si elle n'était plus apparente que réelle. La pression administrative, fiscale, etc., joue dans l'élimination du petit capitaliste un rôle plus grand que la concurrence normale. Le petit capitaliste ne disparaît pas, il se terre, il devient insaisissable, il passe à la spéculation. Ceux qui restent, moins nombreux, n'en font que de meilleures affaires, puisque le consommateur insuffisamment ou mal servi par la coopérative ne peut pas se passer d'eux.

Les tissus, par exemple, dont la disette est constante, sont souvent achetés à la coopérative par des coopérateurs sans travail, qui peuvent faire la queue, tandis que le vrai consommateur n'a pas le temps, et qui vont les revendre au petit capitaliste qui les revend à son tour, majorés au double, au vrai consommateur. Il en est ainsi d'une foule de produits. La différence entre les bas prix de la coopération et les prix du marché libre est, en grande partie, encaissée par la spéculation et par le commerce privé.

Enfin, les coopératives sont souvent en déficit. Le déficit de celles de Moscou s'éleva, en 1927, à 234.000 roubles. Les salaires du personnel étant bas, les vols sévissent dans leurs magasins à l'état endémique ; les tribunaux n'y peuvent rien. Les procès des coopératives constituent une rubrique permanente de la chronique des tribunaux.

Le mécanisme bureaucratisé des coopératives de consommation est trop lent, trop dépourvu d'initiative, trop encrassé. C'est un fait reconnu que le capital privé déploie toujours plus d'initiative et circule beaucoup plus vite que celui de la coopération. Enfin, l'entretien de « l'appareil », c'est-à-dire des bureaux de celle-ci, grève lourdement le prix des marchandises. Il a fallu exercer sur le commerce privé une forte pression administrative précisément parce que la coopération supportait malaisément sa concurrence. C'est exactement le contraire qui eût dû se produire avec une coopération saine : elle eût éliminé le petit capitaliste par le jeu normal de la concurrence. Le régime bureaucratique entraîne ainsi sur le marché une sorte de récidive du communisme de guerre. Les résultats en sont les mêmes que ceux du communisme de guerre. Le consommateur pâtit le premier; le marché se dédouble en marché légal — coopération et commerce privé — et marché illégal, commerce privé et spéculation. Le commerce privé figure dans les deux rubriques, car le petit capitaliste qui tient une boutique en ville ne saurait en réalité tenir plus de quinze jours s'il ne donnait, de-ci, de-là, quelques entorses aux lois, règlements et décrets. Bien que patenté, il est en réalité voisin du spéculateur.

Où sont les causes les plus immédiates du mal

(car il tient en partie à la situation économique du pays et c'est une autre histoire) ? Laissons la *Pravda* du 13 janvier 1929 nous répondre :

« Les scandales des coopératives de Saratov et de Stalinegrad, le népotisme qui régnait dans celles de Rostov-sur-Don, les dizaines d'informations que nous recevons de toutes parts sur les abus, les dilapidations et les déformations de la politique du parti dans les coopératives rurales nous obligent à poser énergiquement la question de l'épuration des coopératives. Leurs bureaux sont extraordinairement encrassés et le contrôle y est extrêmement faible... »

La Vie économique du 4 janvier, écrit : « Il faut mentionner parmi les défauts des organes de l'État et des coopératives les frais trop élevés du commerce. Il en résulte une grosse différence entre les prix d'achat et les prix de vente. Cette différence est supérieure de 93 % à celle d'avant-guerre pour le blé, de 130 % pour les œufs, de 123 % pour le beurre. »

De petites affiches placardées dans tous les magasins coopératifs disent : « Coopérateurs tu es le maître de ce magasin, contrôles-en la gestion, propose-nous des améliorations. » C'est très bien. Ce coopérateur est aussi électeur au Soviet et, souvent, membre du parti communiste. Il ne demande probablement qu'à remplir ses devoirs et à bénéficier de ses droits. Mais parlez-lui. Il vous dira que la machine est trop lourde, que nul n'y peut rien, qu'à trop réclamer on va se faire remarquer ou s'attirer des histoires, que l'on est vite traité de contre-révolutionnaire, etc. S'il est sans-parti, il ajoutera d'un ton découragé : « Nous n'y pouvons rien, nous-autres, ce sont les communistes qui dirigent tout... » S'il est communiste, il vous dira peut-être : « J'ai essayé de lutter, mais ça a failli mal tourner pour moi... » La gestion des coopératives, comme celle de l'industrie socialisée et comme le fonctionnement des rouages de l'État, ne peut être sérieusement améliorée que par un certain retour à la démocratie ouvrière, c'est-à-dire en tout premier lieu par l'assainissement du régime intérieur du parti (car il ne peut pas être question de s'acheminer, en régime de dictature du prolétariat, vers la démocratie ouvrière par d'autres voies).

VII. — LA CLASSE OUVRIÈRE

LA classe ouvrière russe ne verra croître que plus tard le grain qu'elle a semé pendant la révolution ; elle n'atteindra au bien-être et à la liberté véritables que lorsque les fruits de la transformation sociale seront mûrs. Il y faut encore du temps et du travail. Il faudra aussi qu'elle vienne à bout d'ici à là de ceux qui voudraient la frustrer des bénéfices de ses victoires.

Pour juger de sa situation actuelle, il convient de se rappeler sa situation sous l'ancien régime, il y a douze ans. Elle ne jouissait d'aucun droit politique ; la noblesse, la richesse, la bureaucratie, les castes l'écrasaient partout. Quatorze catégories d'excellences, de seigneuries, de haute-noblesse, de très-haute-noblesse, étaient imposées à son respect. Les assurances sociales n'existaient pas, la législation du travail était

embryonnaire. La journée de 10 heures ne s'était
pas implantée dans les mœurs ; on travaillait
souvent davantage. Toute amélioration des
conditions du travail devait être conquise de
haute lutte. La grève était illégale, le syndicat
illégal. N'étaient autorisées que les associations patriotiques et policières. Dans la capitale
Saint-Pétersbourg, en plein jour, le dimanche
22 janvier 1905, on avait mitraillé de paisibles
pétitionnaires ouvriers, venus vers le tsar
avec des chants d'église. On emprisonnait,
on déportait administrativement l'ouvrier sur
un soupçon de socialisme. L'ivrognerie rava-
geait ce prolétariat asservi, composé en majorité d'illettrés, logé souvent dans des caves,
ou dans d'infectes casernes.

Voilà le point de départ qu'il faut prendre
à treize ans de distance, pour juger des conquêtes
du prolétariat devenu classe dirigeante, impo-
sant son idéologie socialiste à la société entière,
entré dans toutes les écoles, dans toutes les
universités, créateur d'un enseignement nouveau. L'amélioration de sa situation matérielle
n'est pas moins grande, en général, malgré les
difficultés auxquelles se heurte le régime. Elle
se définit ainsi : augmentation des salaires.

construction de logements ouvriers (des cités nouvelles surgissent près de Léninegrad, Moscou, Kharkov, Bakou), journée de 8 ou 7 heures, larges assurances sociales (en cas d'accident, de chômage, de maladie), retraites.

On s'efforce d'assurer à tout ouvrier, chaque année, un séjour de quinze jours ou d'un mois dans une maison de repos ; les congés payés sont de rigueur. L'ouvrier bénéficie de réductions importantes sur le prix des places dans les théâtres et les cinés. Le nombre des clubs, des crèches des jardins d'enfants, des bibliothèques, s'accroît chaque année. Mais l'œuvre accomplie, bien qu'admirable, est peu de chose en comparaison de celle qui reste à faire.

Le régime bureaucratique amoindrit ou menace souvent ces conquêtes ; il en ralentit en tout cas le développement. Les salaires semblent avoir atteint ou dépassé le niveau d'avant-guerre ; mais le coût de la vie est beaucoup plus élevé qu'en 1913 (deux fois et demi environ). L'*Annuaire de statistique* officiel pour 1927 donne sur la situation de la classe ouvrière les chiffres suivants :

Salaires mensuels moyens dans toute l'industrie en roubles-tchervontsy ; 1923 : 35 r. 30 ; 1926-27, 59 r. 92. On voit l'augmentation. Mais, en roubles-marchandises de 1913, ce salaire n'est plus, en 1926-27, toujours d'après l'*Annuaire*, que de 31 r. 48. Le salaire nominal a augmenté depuis, mais à coup sûr moins que le coût de la vie et des loyers (augmentés 4 fois en 3 ans), de sorte que le salaire réel a plutôt baissé depuis l'ouverture de la crise des blés. Le salaire moyen des fonctionnaires est supérieur à celui de l'ouvrier, bien que la masse des petits fonctionnaires soient moins rétribués que l'ouvrier qualifié. Citons encore l'*Annuaire* Salaire moyen du fonctionnaire en R. S. F. S. R. en 1925-26 : nominal 72 r. 84, en roubles marchandises, 37 r. 28. A cette époque le salaire moyen de l'ouvrier était : nominal, 49 r. 17 ; roubles marchandises, 27 r. 58. Les salaires sont plus élevés dans les grands centres qu'en province. L'ouvrier qualifié de Moscou et de Léningrad gagne pratiquement une centaine de roubles-papier par mois, le manœuvre une trentaine.

Le salaire moyen de l'ouvrier agricole, *du batrak*, en roubles-tchervontsy, varie entre 10 roubles et 33 roubles. Sa journée de travail n'est pas limitée en réalité.

Chômage. Je n'ai pas sous la main de statistiques à jour, mais en dépit du développement de l'industrie, le chômage a augmenté au cours des dernières années : l'industrie n'absorbe pas toutes les forces nouvelles du travail. Voici des chiffres indiquant le développement du chômage enregistré dans 256 bourses du travail de septembre 1925 à décembre 1926 : le nombre des chômeurs passe de 920.409 à 1.310.418. L'augmentation est constante de mois en mois. On l'explique par l'afflux des paysans qui viennent chercher du travail à la ville. Au début de 1928, les chômeurs exaspérés par les procédés bureaucratiques et par quelques affaires de mœurs — des bureaucrates faisaient acquitter aux ouvrières désireuses de se placer un droit en nature — ont saccagé les bourses du travail de Léninegrad et de Moscou.

Il y a peu de chômage parmi les ouvriers qualifiés, excepté dans l'industrie du livre et dans quelques industries atteintes par des crises particulières. Par contre, l'industrie manque souvent de main-d'œuvre qualifiée.

Les syndicats sont puissants et riches. Leurs effectifs se chiffrent par millions, ils se construisent des maisons de belle apparence, tiennent des Congrès où se réunissent des milliers de délégués venus de tous les coins du pays, éditent des revues. Tel est l'avers de la médaille. Le revers en est malheureusement tout autre. Les syndicats sont devenus de vastes institutions bureaucratiques, administrées par une multitude de fonctionnaires. Le syndiqué, l'individu, se perd parmi ces millions d'hommes enregistrés, dans ces services hiérarchisés, dans ces bureaux confortables, où il ne fait que de rares apparitions devant des guichets rébarbatifs. Les congrès décident chaque année de « rapprocher les organisations syndicales des masses ouvrières » ; il ne semble pas qu'aucun rapprochement réel s'ensuive. Je viens de parler des excès commis par les chômeurs dans les bourses du travail. A Moscou, il s'agissait surtout d'ouvriers saisonniers appartenant au bâtiment. Comment ne pas se rappeler leur geste d'exaspération, quand on lit dans les journaux de Moscou l'édifiante histoire des *kabouki* ? Les dirigeants du Comité du Syndicat du Bâtiment de la province de Moscou s'étaient constitués en une association de joyeux lurons, dite des *kabouki*. « Ivrognerie systématique, débauche, dilapidation de fonds, prévarication, abus de pouvoir », tels sont les menus péchés que la Commission de contrôle du parti leur impute dans une résolution publiée le 6 janvier. Mieux vaut ne rien dire des plaisirs de ces singuliers communistes : on tomberait malaisément plus bas. Quelques-uns ont été exclus du parti, d'autres blâmés. Cas isolé ? Il serait déjà significatif qu'un cas pareil *se soit produit à Moscou.* Mais les fonctionnaires du Syndicat des Employés soviétiques de Moscou s'étaient fait installer, aux frais de l'organisation, pour 4.500 roubles de radio dans leurs appartements privés ! Mais l'organe central des syndicats mentionne sans cesse des faits de ce genre. Et il suffit de s'entretenir pendant quelques instants avec le premier syndiqué venu pour apprendre quelle désaffection sévit à l'égard des syndicats. On découvrit l'an dernier, en maints endroits, dans les usines, des caisses de solidarité clandestines créées par les ouvriers entre eux : ils n'avaient pas pensé à s'adresser au syndicat, tant ils comptent peu sur lui. Dans la plupart des entreprises, la direction, le bureau de la cellule du parti et le comité de fabrique — relevant du syndicat — forment un ensemble unique de ressorts tous dirigés par des communistes obéissant au même comité du parti ; de sorte qu'en cas de conflit ou de réclamations, l'ouvrier risque souvent de rencontrer partout les mêmes fonctionnaires. Il est certain que les syndicats soviétiques ont besoin d'être vivifiés, assainis, eux aussi ; mais ils ne peuvent l'être qu'après le parti dirigeant, dans la mesure où ce dernier saura se réformer lui-même.

Fonctionnaires, employés, ouvriers, le nombre de travailleurs bénéficiant de l'assurance sociale était en septembre 1926 de 8.799.000. Il dépasse certainement aujourd'hui 9 millions.

L'ouvrier souffre de la crise des logements. Les nouvelles habitations suffisent à peine à héberger le nouveau prolétariat. « Dans les baraquements de l'usine et des mines de Mokéevka, les vitres sont cassées, les toitures trouées, les murs crevassés. Il n'y a ni lavabos ni tabourets... Des cas analogues ne sont pas rares d'ailleurs. Des baraquements semblables existent par exemple à Ivanovo-Voznessensk », écrit la *Pravda* le 23 septembre 1928. On manque partout de bains, d'écoles, de bibliothèques. Le VIII⁰ Congrès des Syndicats russes s'est clos en décembre dernier. Des orateurs y ont indiqué que la norme de superficie du logement ouvrier par tête d'habitant tombe souvent à 3,5 mètres carrés. L'opposition souligna en son temps que cette norme diminue pour la classe ouvrière, tandis qu'elle augmente pour les autres éléments de la population. Dans l'industrie textile, on voit encore plusieurs familles loger dans une seule pièce (discours de Borissov au Congrès des Syndicats). Un délégué des cheminots est venu dire : « Nous vivons dans des caves, dans de vieux wagons, dans des huttes .» Un délégué des mineurs a dit : « Les mineurs du Donetz sont aussi mal logés que possible, jamais ils n'ont plus d'une chambre par famille .» On s'est plaint aussi de la mauvaise qualité des constructions nouvelles. Le commissaire du peuple au Travail a relaté que les nouvelles maisons ouvrières « commencent au bout de quelques années à tomber en ruines ».

L'usure de l'outillage et l'intensité du travail aux pièces provoquent la multiplication des accidents de travail.

Les mauvaises conditions de logement, l'inexistence de distractions saines à la portée des masses — l'ancien régime s'en moquait ; les clubs actuels sont trop peu nombreux et trop bureaucratiquement organisés ; de l'avis général

     SOVIETS 1929

on y meurt d'ennui parmi les portraits des
leaders et les textes moralisants — l'inexistence
du petit café ou de l'estaminet tel qu'il existe
en Occident (local où l'on peut lire un journal,
bavarder en compagnie, faire une partie de
cartes), a pour conséquence l'ivrognerie. D'après
les chiffres de la Commission du Plan, l'augmentation de la consommation de l'alcool par tête
d'habitant a été la suivante : consommation
par tête en 1924-26, 0,6 bouteille ; 1926-27,
4,3 bouteilles. La consommation a augmenté
8 fois en deux ans ! La Commission du Plan
comptait l'augmenter encore, dans l'intérêt
du budget, de 227 % pour 1931. Sur ce point,
la campagne de l'opposition — Trotski fut
toujours un adversaire irréductible de la régie
des alcools — a porté ses fruits. On a reconnu
le péril, limité la fabrication de l'alcool, augmenté le prix de la *vodka*.

Les bas salaires, les conditions détestables de
logement, l'ignorance, l'alcoolisme, ont pour
corollaire l'antisémitisme dont on a signalé à
maintes reprises les ravages jusque dans le
parti. « Une ouvrière juive a été outrageusement
persécutée à Orcha, des mois durant, sous les
yeux de 700 ouvriers, du comité ouvrier et de

diverses organisations » (discours de Tsikhon au VIIIe Congrès des Syndicats). « Dans une usine de Kostroma, les ouvriers juifs étaient persécutés et nous rougissons de dire que les fonctionnaires des syndicats et les Comsomols les persécutaient aussi... Un vrai pogrome a eu lieu dans une entreprise de Minsk » (discours de Grigoriev au VIIIe Congrès des Syndicats). On a jugé à Minsk, à la mi-janvier, un groupe d'ouvriers coupables d'avoir persécuté, outragé et battu à l'usine l'ouvrière juive Barchaï : « Le 25 juillet, notamment, deux ouvriers la renversèrent et la dénudèrent ; une ouvrière lui versa entre les jambes un seau d'eau froide... » Deux communistes ont comparu devant le tribunal en qualité de complices. La *Pravda* (15 janvier) signale des cas analogues à Kertch, où toutes les autorités sont demeurées indifférentes ; en Ukraine, où la cellule du Comsomol s'est bornée à blâmer le « jeune communiste » qui avait assommé un juif, etc. L'an dernier, c'est en plein Moscou qu'un vieux juif fut battu et assiégé dans son logis par des malandrins.

Que conclure ?

Que l'héritage du passé est bien lourd. Qu'il faudra, pour le surmonter, pour l'éliminer, l'effort intelligent et persévérant des hommes les plus conscients de la classe ouvrière ; que ces hommes doivent se méfier de la mentalité souvent trop arriérée de leur propre classe et réunir leurs forces dans le parti communiste, qui est leur organisation essentielle ; que la dictature du prolétariat doit être forte, car sa chute serait, pour ce prolétariat qui commence à peine à sortir des ténèbres, une affreuse calamité.

Quoi encore ? Qu'il faut nettoyer la dictature du prolétariat de la lèpre bureaucratique afin d'améliorer plus rapidement la situation matérielle de la classe ouvrière, afin d'augmenter plus rapidement les salaires ; que la pression exercée dans les dernières années sur les salaires, sous les formes les plus variées, constitue une faute et un danger (coût de la vie, loyers, augmentations fictives de salaire : on augmente le salaire de base, porté par exemple de 20 roubles à 25 ; mais comme le salaire réel dépend du coefficient par lequel ce salaire de base est multiplié, on diminue le coefficient ; l'ouvrier qui appartenait à la 3e catégorie — coefficient 3 — passe à la deuxième : au lieu de toucher 60 roubles, il en touche 50 après... l'augmentation générale!) Enfin, qu'il faut mieux surveiller la répartition des revenus du pays, car il saute aux yeux que toute une bourgeoisie et petite-bourgeoisie nouvelle s'y créent, dont le bien-être commence à contraster avec la situation précaire des travailleurs.

La lutte contre la bureaucratie figure à l'ordre du jour de tous les Congrès, de toutes les assemblées du parti, des syndicats et des institutions gouvernementales, depuis plusieurs années. Des campagnes permanentes y sont consacrées par la presse. Les dernières pensées de Lénine eurent cet objet. Quelque temps avant que la maladie le privât de sa capacité de travail, il proposait à Trotski de réunir leurs efforts dans la lutte contre la bureaucratie. Il fit instituer, à cette fin, le Commissariat du Peuple de l'Inspection ouvrière et la Commission centrale de Contrôle du parti... Il n'en est pas moins vrai que la bureaucratie n'a pas cessé d'épaissir et de s'affermir depuis la mort de Lénine et qu'elle a remporté tout dernièrement des victoires indéniables. Les campagnes les plus réussies ne portent que contre un certain nombre de mauvais bureaucrates. Elles ne mettent jamais en question le régime bureaucratique.

VIII. — LES SOVIETS

MAIS, va-t-on demander, le travailleur ne peut-il pas réagir ? N'a-t-il pas voix décisive au chapitre dans les Soviets ? Le point de vue de l'optimisme bureaucratique, c'est que la République des Soviets réalise la plus large démocratie du monde, plus de 60 millions d'électeurs participant aux élections des Soviets. Ces élections viennent d'avoir lieu en janvier dernier. Dans les centres industriels, les ouvriers se sont rendus aux assemblées électorales en cortèges, bannières déployées, musique en tête. L'élection ayant lieu pendant le temps de travail et l'heure consacrée aux élections étant payée comme une heure de travail, la discipline du travail ne permettait pas à l'électeur de se soustraire à son devoir civique.

Les ateliers, les usines allaient donc voter en
corps et les journaux mentionnaient avec satisfaction ce résultat, dont nul autre pays au monde
ne peut se flatter : en maint endroit, *tous* les
électeurs, sans exception (100 % comme disent
les Russes), se sont rendus au scrutin. Le vote
a lieu à mains levées ; les candidatures de communistes (sept sur dix au moins) et de sans-
parti ont été préalablement étudiées dans les
réunions des cellules du parti. Le mandat donné
aux élus a été rédigé de même. Les électeurs
peuvent proposer de nouvelles candidatures
et des additions ou des amendements au mandat.
Ils usent assez largement de cette possibilité
et c'est là tout l'intérêt réel des élections. Dans
la plupart des cas, les candidatures arrêtées
par le comité de la cellule passent. Ceux qu'elles
pourraient mécontenter n'ont nulle envie
d'entrer en lutte avec l'organisation du parti
de l'entreprise où ils travaillent et savent très
bien qu'un vote contre, même purement démons-
tratif, leur vaudrait d'être mal notés, ce qui, en
temps de chômage, peut présenter divers
inconvénients. Faites dans ces conditions, les
élections ne présentent qu'un strict minimum
d'incompatibilité avec le régime bureaucra-

tique. La constitution donne aux électeurs le droit de rappeler leurs députés, s'ils en sont mécontents. Presque jamais, dans les dernières années, même dans les circonstances les plus scandaleuses, comme dans les affaires d'Artemovsk, de Smolensk ou de Crimée, les électeurs n'ont usé de ce droit. Les organes dirigeants en ont usé, par contre, pour exclure du Comité exécutif des Soviets de l'Union les chefs de l'opposition.

Les masses ouvrières ne peuvent donc guère réagir, dans les Soviets, contre la bureaucratie, même quand celle-ci revêt des formes tout à fait monstrueuses ou se traduit par des abcès qu'on doit, tôt ou tard traiter par le fer rouge. Prouvons-le.

Affaire de Smolensk. Au printemps de 1928, des crimes de droit commun — vols, dilapidations, assassinats — révélèrent que toutes les autorités soviétiques et communistes de la ville et de l'importante province de Smolensk étaient pourries. La milice locale collaborait avec les bandits. Les services du commissariat des Finances étaient une pépinière de personnages de l'ancien régime qui faisaient leurs petites affaires. Les directions d'usines étaient si pourries que la seule façon coutumière pour une ouvrière d'obtenir ou de garder du travail était d'avoir envers ses supérieurs les complaisances que l'on devine. Les dirigeants communistes du Comité exécutif du Soviet et du comité du parti faisaient une noce crapuleuse. Dans les villages, ils fraternisaient avec les koulaks. Tous ces faits ont été publiés par la *Pravda*, en mai 1928. L'organisation communiste de Smolensk a été vigoureusement épurée *par des délégués venus de Moscou*, avec le concours des ouvriers. Les délégués de Smolensk au Comité exécutif central des Soviets ont été chassés. Quelques misérables ont été fusillés.

Affaire de Crimée. Au début de 1928, le président du Comité exécutif central des Soviets de la République des Tartares de Crimée, Veli Ibrahimov, reconnu coupable d'un assassinat et de tout un chapelet de crimes, a été fusillé avec un complice. Cet Ibrahimov n'était évidemment pas le seul malandrin parmi les dirigeants de Crimée. La *Pravda* du 11 août 1928 écrivait à ce sujet : « L'organisation du parti en Crimée ne développait dans son sein ni la démocratie, ni l'autocritique bolchéviques. C'est pourquoi un criminel de droit commun, entouré d'un groupe d'aventuriers de son acabit a pu rester pendant longtemps à la tête du Comité exécutif central de Crimée. C'est pourquoi personne n'a réagi sur place contre l'envahissement des administrations soviétiques par des éléments étrangers à la classe ouvrière ».

Affaire d'Artemovsk (journaux de février 1928). Un président du tribunal et un chef de la milice, complètement ivres, violent une jeune femme qui se tue le lendemain. Le médecin appelé pour constater le décès refuse de se compromettre en en recherchant les causes... Le juge d'instruction chargé d'instruire l'affaire la classe. Le journal local refuse d'en parler. Le comité local du parti réfuse de s'en occuper. L'abcès n'est finalement crevé que parce que les échos de l'affaire parviennent à Kharkov On s'aperçoit que tous les services de l'administration, de la milice, de la presse, de la justice, du parti d'Artemovsk (grand centre ouvrier), sont gagnés par la gangrène.

Faut-il enfin rappeler l'affaire de Chakhty ou des mines du Donetz ? Des associations occultes de techniciens contre-révolutionnaires ont pu opérer dans les mines du Donetz pendant des années, sans que l'on s'aperçût de leur activité...

Qu'étaient devenus à Smolensk, Artemovsk, en Crimée, dans le Donetz — et en maints autres lieux, car il faut bien abréger — les droits de contrôle, de rappel, etc., des électeurs des Soviets et des membres du parti ?

De semblables scandales seraient-ils possibles si un certain minimum de démocratie ouvrière existait ?

Mais voilà. Toutes les autorités locales sont en réalité désignées par le comité provincial du parti ; et si ce comité lui-même est malade, on devine la situation qui se crée. Les criminels d'Artemovsk, président de tribunal et chef de la milice, appartenaient au parti. Le juge d'ins, truction qui classa l'affaire, aussi. Les rédacteurs de la *Kotchégarka* qui refusèrent d'en parle, aussi. L'ouvrier, le citoyen qui voudrait se dresser contre de semblables abus, aurait contre lui toutes les autorités locales, plus la presse.

Nous verrons, en parlant du parti, que le mal est très profond et très étendu. C'est au point qu'une ouvrière, membre du Soviet de Moscou, ayant voulu user de ses droits et se rendre compte du fonctionnement d'un poste de milice, fut l'objet, en janvier dernier, de poursuites aussi injustifiées que vexatoires.

La *Pravda* dut prendre sa défense. A Moscou !

Quoi d'étonnant après cela que les ouvriers ignorent généralement jusqu'au nom des membres du Soviet qu'ils ont « élu » et qui les « représentent » ? Quoi d'étonnant qu'on ait vu à Kokand (Turkestan) les 3/4 du Soviet s'évanouir comme par enchantement ? On avait élu plus de 450 membres au Soviet, mais les listes des élus furent perdues. On demanda par la presse aux élus de se faire connaître eux-mêmes. 160 seulement répondirent à cet appel. Et la moitié seulement de ce nombre assista à la première séance du Soviet...

Un Soviet se réunit d'ailleurs assez rarement. Il est trop nombreux et ses membres sont souvent trop mal choisis pour constituer une assemblée activement délibérante. Il approuve avec régularité les rapports de ses dirigeants formellement élus, mais désignés en réalité par le comité du parti. Ses commissions peuvent accomplir quelque travail administratif d'intérêt local. L'activité d'un membre ordinaire du Soviet est à peu près insignifiante. Sans parti, il ne peut, quand se posent des questions générales, qu'approuver les propositions du parti ou les critiques, ce qui serait mal compris.

Membre du parti, il peut à la rigueur discuter
à la fraction communiste des résolutions qui
seront proposées au Soviet ; mais il craint, le
plus souvent, d'entrer en conflit avec ses chefs ;
il ne peut pas prendre la parole au Soviet même,
sans être désigné par le bureau de la fraction
communiste, c'est-à-dire par ses chefs...

On parle souvent en U. R. S. S. d' « animer
les Soviets » dont l'activité est visiblement trop
ralentie. Je pense qu'ils ont bien besoin d'être
ranimés, en effet. Mais que préconiser ?

Écartons tout d'abord le vote secret proposé
par les menchéviks et par quelques critiques
bien intentionnés, mais irréfléchis. On y viendra sans doute, mais plus tard. Tant que
l'U. R. S. S. restera en butte à tant d'hostilité
à l'extérieur et à tant de difficultés à l'intérieur,
le vote secret ferait trop facilement le jeu des
éléments les plus arriérés de la classe ouvrière.
Mieux vaut rappeler aux travailleurs avancés,
conscients, qu'ils ont des droits et des devoirs,
et, en premier lieu, celui de parler haut et clair
dans leurs institutions. Seulement, il faudrait
pour cela leur donner quelques garanties réelles
de leurs droits, telles que l'immunité des membres
du Soviet et la suppression de la justice admi-

nistrative, c'est-à-dire de la juridiction du Guépéou pour les électeurs des Soviets, qui ne pourraient plus être jugés que par des tribunaux normaux, admettant la défense et siégeant en public. Il faudrait enfin donner à tout travailleur la garantie qu'il ne sera l'objet d'aucune représaille économique, en raison de l'usage qu'il aura fait de ses droits de citoyen. Il faudrait enfin poser devant les Soviets les grandes questions politiques, constituer des Soviets moins nombreux et mieux choisis. Ce ne serait en somme, qu'un retour à la constitution soviétique.

Mais l'essentiel n'est pas là. Il faudrait surtout, avant tout, assainir l'atmosphère intérieure du parti, y rétablir une certaine démocratie effective qui, de là, rayonnerait sur les Soviets, car c'est le parti du prolétariat révolutionnaire qui exerce la dictature à travers les Soviets ; car c'est à l'avant-garde organisée de la classe ouvrière — au parti communiste — de conduire les travailleurs vers leur démocratie.

IX. — LE RÉGIME INTÉRIEUR DU PARTI

LA LUTTE DES GÉNÉRATIONS
LA BUREAUCRATIE

Nous arrivons ainsi au problème du régime intérieur du parti, fondé en théorie sur la centralisation démocratique. En théorie, les choses devraient se passer ainsi : les organisations de base, cellules d'usines ou d'entreprises, délibèrent et élisent leurs délégués aux conférences locales qui élisent, à leur tour, en suivant une échelle progressive, les délégués au Congrès ; le Congrès souverain élit le comité central qui dirige le parti jusqu'au prochain Congrès. Tout part ainsi de la base, le Comité central est l'émanation des masses qui l'inspirent ; les comités locaux sont de même élus. On peut produire des statistiques attestant que tant de membres du parti prennent chaque mois la parole dans

tant d'assemblées régulières : preuve de la démocratie intérieure du parti... Ces arguments sont
bien vains, à côté des faits que j'ai déjà cités.
Mais voici d'autres faits, concernant plus précisément encore l'état du parti en 1928.

Le Comité central adresse le 4 août une lettre
publiée le même jour dans la *Pravda*, à l'organisation d'Irkoutsk, dont il constate les défauts :

« Les fonctionnaires d'ancien régime, les
restes du mouvement contre-révolutionnaire
de Koltchak et d'autres éléments étrangers au
parti exercent une influence marquante sur
les organes des Soviets de la région d'Irkoutsk.
Ces éléments occupent souvent des postes dirigeants... Le journal du parti *Vlast Trouda*
(le Règne du Travail) a manqué à ses devoirs... »
Le mal est ancien à Irkoutsk où le président
du Comité exécutif du Soviet, Lossévitch, un
pourri, a été fusillé en 1926.

Une semblable circulaire publiée le 9 août,
par la *Pravda*, concerne l'organisation yakoute
du parti, dont les erreurs ont provoqué des
troubles et le développement du banditisme.
Le comité régional a notamment encouragé
les nationalistes et contribué à l'affermissement
des koulaks.

L'organisation communiste de Crimée n'avait pas accompli la réforme agraire, laissait les anciens blancs et les nationalistes envahir les administrations soviétiques, laissait dépérir les Soviets, etc. (*Pravda*, du 11 août 1928).

« On trouve dans nos cellules d'usines des anciens gendarmes (en Russie blanche), des ex-participants des pogromes sous Dénikine (en Russie centrale), des « communistes » sympathiques à la monarchie (Ivanovo-Voznessensk), des ouvriers qui sont en même temps des koulaks à la campagne et d'autres éléments de ce genre » (A. Labovski, *Pravda*, du 3 janvier 1929).

A Sotchi, au Caucase, on a exclu du parti et déféré aux tribunaux en mars 1928 tous les dirigeants du parti. La débauche les avait pourris. « Leurs orgies se terminaient souvent par des viols collectifs. Les jeunes femmes du *Comsomol* étaient souvent convoquées la nuit chez le secrétaire du comité du rayon... Celles qui se montraient rétives perdaient leur travail », etc. (*Pravda*, 8 avril 1928).

L'excellent chroniqueur Michel Koltsov trace dans la *Pravda* du 9 janvier un tableau humoristique et tragique à la fois de l'organisation

du parti de la région du Sir-Daria (Turkestan).
Citons-en quelques lignes :

« De façon générale, on s'est aperçu que les
comités de rayon, les administrations soviétiques,
les cellules du parti de la région, sont bondés
de vulgaires filous, d'escrocs authentiques,
de vrais voleurs, de bandits de grands chemins
et que c'est avec ces effectifs-là que le parti
doit préparer les élections du Soviet. »

L'organisation du Sir-Daria appartient au
Kazakstan, où l'on a exilé, sous la surveillance
du Guépéou pas mal d'opposants, à commencer par Trotski. De tels communistes subissent
là le dur isolement imposé aux exilés politiques
et sont placés sous la surveillance des comités
locaux que l'on nous décrit en ces termes !

Nous touchons du doigt la plaie. Toutes ces
organisations gangrenées se sont signalées en
1927 par le zèle qu'elles ont mis à condamner
à l'unanimité l'opposition qui... dénonçait la
gangrène et prétendait secouer le régime bureaucratique qui en est une des causes principales !

Les jeunesses communistes, le *Comsomol*,
ne sont pas moins malades. Des comsomols
se sont trouvés mêlés à toutes les histoires de

viols collectifs, jugées en 1925-26 à Léninegrad, Rostov et ailleurs. Il a fallu récemment (fin octobre 1928), dissoudre le comité du *Comsomol* du rayon central de Léninegrad, qui s'était « décomposé », plus exactement pourri, comme disent les Russes. Il en a été de même à Smolensk, Artemovsk, Irkoutsk et ailleurs.

Ce ne sont sans doute que pustules sur le grand corps vigoureux du parti. Un autre mal est plus grave : la génération qui a forgé le parti, connu la première révolution russe en 1905, lutté dans l'illégalité pendant vingt ans contre l'ancien régime, fait la révolution d'Octobre, bâti la République des Soviets, vaincu dans la guerre civile, est peu à peu éliminée du parti, par la force des choses — les vieux s'en vont — et par la bureaucratie. En mars 1928, le parti comptait 720.000 membres dont 1,1 % y étaient avant la révolution de 1917 ; 32,5 % y étaient entrés jusqu'en 1920, c'est-à-dire pendant la guerre civile, et 66 % y étaient entrés de 1921 à 1927, c'est-à-dire depuis la nep, après les luttes décisives. Ainsi la grande majorité des membres actuels du parti sont venus au parti gouvernant après sa victoire. Les révolutionnaires sélectionnés par les plus rudes épreuves, trempés par l'exil, la faim, la prison, accoutumés à défendre leurs convictions, à répéter les sacrifices, à penser par eux-mêmes, font place à des jeunes, dont beaucoup n'ont guère connu l'ancien régime, n'ont pas fait la guerre civile, ignorent jusqu'aux anciennes mœurs du parti et de la vie politique et auxquels la vie présente des exigences tout à fait différentes. Il fallait autrefois du dévouement pour former un militant, il suffit aujourd'hui d'une certaine application, d'un certain zèle. La carrière du militant comportait autrefois des risques innombrables ; celle de membre du parti offre aujourd'hui des avantages marqués, matériels et moraux. Chacun devait autrefois former et défendre ses convictions ; il suffit aujourd'hui de recevoir et d'accepter — avec plus ou moins de zèle — l'enseignement du parti. Ceux qui, dans toute société, gravitent autour du pouvoir, cherchent, aujourd'hui, à entrer dans le parti. Que faut-il pour être assuré d'y rester ? Rien de plus, en somme, qu'une conduite rangée et de la docilité d'esprit. Les postes dirigeants les plus importants restent occupés par des hommes de la grande génération, mais dont les rangs s'éclaircissent rapidement : Krassine, Dzerjinski, Ioffé, Frounzé, Stépanov-Skvortzov, Tsourioupa sont morts ; Trotski, Préobrajenski, Radek, Sapronov, V. M. Smirnov, Smilga, Rakovski, Sosnovski, exclus, exilés (1). Je ne nomme ici que des figures de premier plan, d'entre celles qui appartiennent à l'histoire de la période héroïque. Tous ces hommes ont été les compagnons de Lénine ; l'un d'entre eux a été son égal aux tournants décisifs de l'histoire. Ils, partent ou on les chasse. Qui les remplace ?

Dans une cellule du parti, les communistes de la grande époque ne constituent jamais qu'une infime minorité submergée par les nouveau-venus. Ces nouveaux venus forment les majorités compactes qui ont écrasé l'opposition en 1927 et hâté par là-même le renouvellement des effectifs du parti. La défaite de Trotski et de Zinoviev a été sous ces rapports celle de leur génération et s'explique ainsi : ils représentaient des aspirations que nombre de nouveaux ne partagent point et des intérêts

(1) Récemment, Préobrajenski, Radek et Smilga, suivis de quelques centaines d'opposants, se sont ralliés à la politique officielle, la considérant comme à peu près conforme à leurs propres vues qui se seraient imposées aux dirigeants par la force des choses.

contraires à ceux de ces nouveaux. Et d'abord, ils exigeaient la réforme du régime intérieur du parti, c'est-à-dire l'abandon du système bureaucratique, le retour à la démocratie intérieure ; ils menaçaient ainsi tous ceux qui se sont installés ou rêvent de s'installer précisément grâce au système bureaucratique.

L'immense majorité des membres actuels du parti n'ont qu'une culture marxiste des plus rudimentaires, ce qui restreint leur possibilité de pensée critique et bureaucratise automatiquement le parti, en rendant nécessaire l'existence de cadres d'exécutants strictement hiérarchisés. Ces cadres constitués en grande partie d'ouvriers un peu plus instruits que les autres, mais d'une formation absolument unilatérale et d'une culture rudimentaire, sont placés dans une situation matérielle meilleure que celle de l'ouvrier. Ils gagnent en moyenne de 150 à 225 roubles par mois, sans avoir de chômage à redouter — à la condition de rester « dans la ligne » — tandis que le salaire de l'ouvrier qualifié des villes gravite autour de 80 roubles par mois. Ils sont moins astreints à la discipline du travail, ils détiennent une parcelle d'autorité. Ainsi se forme toute une

« aristocratie ouvrière » de secrétaires de cellules du parti, de secrétaires de comités d'usines, de fonctionnaires de syndicats et du parti, de directeurs et sous-directeurs rouges et d'aspirants secrétaires qui n'ont, au fond, que le désir d'éviter les histoires et de s'installer de mieux en mieux. Toute la machine s'encrasse, le parti en premier lieu. Cette bureaucratie est-elle apte à traduire les sentiments de la classe ouvrière avec laquelle elle entre souvent en conflit dans les usines ? Ses origines ouvrières ne la prémunissent contre aucune déformation.

Il n'est pas niable qu'elle constitue pour le parti communiste et pour la dictature du prolétariat un grand danger. Sans doute n'est-il pas encore trop tard pour y remédier. La génération d'octobre est encore assez nombreuse malgré tout, assez forte, assez prestigieuse pour accomplir la vaste réforme de la révolution qui s'impose. Cette réforme devrait consister en un retour à la sélection naturelle des capacités, des talents, des énergies révolutionnaires ; pour que la sélection naturelle puisse jouer, il faut que les capacités et les énergies puissent se manifester, il faut que la parole, l'écrit, l'initiative des membres du parti puissent vivre, il faut que les membres du parti soient des militants, et non des exécutants passifs encadrés par des fonctionnaires rétribués. Une épuration automatique se produirait alors, qui éliminerait le ballast et une partie des arrivistes, pas tous naturellement, loin de là. Mais il n'est pas que l'arrivisme des incapables, des malhonnêtes et de ceux qui apportent au mouvement ouvrier des idées bourgeoises ou petite-bourgeoises, qui soit un mal. Comment concevoir pratiquement cette réforme ? Le parti devrait récupérer d'abord les forces de premier ordre dont il s'est lui-même privé dans la lutte fractionnelle. La plupart de ses exclus sont des révolutionnaires inébranlables, dont l'attitude actuelle, dont les erreurs mêmes prouvent qu'ils savent défendre leurs convictions et les intérêts du prolétariat — tels qu'ils les comprennent — avec un désintéressement absolu. Le parti devrait, par des discussions organisées et par la création d'organes spéciaux — revues d'études et autres — clarifier ses idées, donner la parole à ceux de ses membres jeunes ou vieux qui ont un mot à dire.

Le fonctionnarisme rétribué me paraît un fléau dans les organisations de base du parti et du syndicat. Chaque cellule d'usine, chaque comité de fabrique appointe tout un petit personnel : secrétaires, organisateurs, employés. Ces cadres payés du parti se soucient plus de leurs appointements que des intérêts généraux du parti : c'est humain. En faisant davantage appel à l'initiative et au dévouement des membres du parti pour remplir les diverses fonctions aujourd'hui rétribuées, on porterait un coup sensible à la bureaucratie subalterne, et l'on appellerait davantage le peuple de l'usine à l'activité politique.

Peut-être faudrait-il recourir au vote secret dans les assemblées du parti, lors des élections de fonctionnaires ou des décisions importantes, pour réduire la pression de la bureaucratie sur les organisations de base. Les membres du parti devraient être réellement assurés que leurs interventions dans les assemblées ou la presse ne leur vaudront pas de représailles de la part des dirigeants locaux ou centraux. Les vieux militants savent que ce régime idéal de démocratie intérieure qui n'a rien d'incompatible avec la discipline la plus rigoureuse dans l'action — au contraire, qui la commande et la conditionne — exista (sans vote secret) avant et pendant la révolution. *Un parti bu-*

reaucratisé n'aurait pas pu faire la révolution.

La Commission centrale de Contrôle devait être, dans l'esprit de Lénine, une institution destinée à assurer la démocratie au sein du parti et à sévir contre quiconque prétendait empêcher les membres du parti de s'exprimer librement... De fait, la Commission centrale de Contrôle, égale et indépendante en principe du Comité central, est devenue depuis des années un instrument de répression entre les mains de la fraction dirigeante du Comité central. Le Comité central ne se réunit que quelques fois dans l'année ; ses membres, peu connus du pays, n'ont d'autorité personnelle que dans la mesure où ils suivent quelque chef appartenant au Bureau politique. Le Bureau politique, composé de neuf personnes, Staline, Rykov, Boukharine, Molotov, Vorochilov, Kalinine, Tomski, Pétrovski, Roudzoutak, et actuellement divisé en deux tendances, l'une qualifiée « droite » (Rykov, Boukharine, Tomski) et l'autre « centre », assume en réalité toutes les fonctions dirigeantes (1).

(1) Depuis que ces lignes ont été écrites, Rykov, Boukharine et Tomski ont été pratiquement éliminés du bureau politique, comme avant eux Trotski, Zinoviev et Kaménev.

Je note pour finir que la thèse officielle est que le parti jouit d'une démocratie à peu près parfaite, est en plein progrès, ne fut jamais plus « sain » qu'à l'heure actuelle, bref que tout est pour le mieux dans le meilleur des bolchévismes ; et que ceux qui se permettent de n'être point de cet avis, sont des pessimistes neurasthéniques, des trotskistes contre-révolutionnaires, et des social-démocrates déguisés...

Mais c'est justement ce que les pourris de Smolensk et de maints autres lieux déclaraient dans leurs résolutions « unanimes à 100 % », pour employer les termes usuels de la presse soviétique.

X. — LE DUEL DE L'OPPOSITION ET DES DIRIGEANTS

STALINE ET TROTSKI
PLATEFORME DE L'OPPOSITION

J'ARRIVAI dans l'U. R. S. S. en octobre 1927, au moment où la lutte politique, engagée depuis des années entre Staline et Trotski battait son plein. J'ai quitté l'U. R. S. S. quinze mois plus tard, sans que cette lutte ait pris fin. Elle se livrait naguère au grand jour ; elle est maintenant souterraine. Le parti communiste est à la veille d'une nouvelle crise. Les solutions de la force se sont révélées inopérantes. Mais ce drame vaut d'être suivi depuis ses débuts. A cent vingt ans de distance, on croit revivre les grandes journées de la Convention...

L'année 1923, troisième année de la nep, de la paix et de la reconstruction industrielle fut marquée par la défaite de la révolution allemande et par une crise du parti, que la mort de Lénine enraya. Un fort courant à la tête duquel se trouvait nombre de vieux bolchéviks réclama la démocratisation du régime intérieur du parti. Il fallait, pensaient-ils, « démilitariser » le parti, puisque la guerre civile était finie. Trotski préconisa hardiment un « cours nouveau » pour remédier à la bureaucratisation, à la stagnation intellectuelle et faire place aux jeunes. Le Comité central unanime vota dans ce sens une résolution excellente. Trotski en demanda, dans quelques articles de la *Pravda,* l'application. Une violente campagne fut aussitôt déclenchée contre lui. On l'accusa de discréditer le Comité central, de menacer l'unité du parti, de s'attaquer aux principes fondamentaux du bolchévisme. La jeunesse des écoles et des universités l'avait soutenu avec enthousiasme. Elle fut vigoureusement « épurée », chassée des universités ; des centaines de membres du parti furent envoyés en province. C'est ce qu'on appelle la discussion de 1923...

Il fallait en finir avec l'immense popularité de Trotski, en lequel le pays et le parti voyaient le continuateur de Lénine, dont chaque écrit, chaque parole étaient étonnamment riches de contenu, dont chaque apparition sur la place Rouge soulevait des tempêtes d'acclamations. On prit prétexte de la préface qu'il ajouta au tome III de ses Œuvres, les *Leçons d'Octobre*. Trotski s'était permis de rappeler qu'en 1917 Lénine et lui-même avaient dû, pour faire triompher la révolution, combattre une tendance de droite hostile à la prise du pouvoir et dont faisaient partie Zinoviev, Kaménev, Rykov, Noguine. Bien que les faits fussent patents et établis par des documents irréfutables, notamment par les œuvres de Lénine, on cria à la calomnie, à la falsification de l'histoire. (Staline n'en a pas moins fait publier l'an dernier, contre Zinoviev et Kaménev, toute une littérature commentant ces faits.) Trotski dut démissionner de la présidence du Conseil révolutionnaire de l'armée rouge. Son secrétaire, Glazman, un héros de la guerre civile, exclu du parti sous un futile prétexte, se suicida. Ce ne fut pas le seul suicide d'opposant. Trotski s'inclina devant les décisions du parti, « en soldat », disait-il, sans rien abjurer toutefois. Ce fut ce qu'on appelle parfois la discussion de 1924... Dans l'entretemps, on excluait de l'Internationale communiste, sous des prétextes variés, les communistes suspects de sympathiser avec Trotski. Ce fut le cas, en France, de Souvarine, Monatte et Rosmer.

En 1925, la situation se tend entre Zinoviev et Staline. Ce dernier recherche un rapprochement avec Trotski, qui ne sort plus de son silence que pour donner des œuvres brillantes : *Europe et Amérique, Où va l'Angleterre ? La Qualité de la Production, Vers le Capitalisme* ou *vers le Socialisme ?* Il est question de son retour au pouvoir. Mais il préconise une politique d'industrialisation qui se heurte à quantité de résistances.

Au début de 1926, une nouvelle crise éclate brusquement au XIVe Congrès du parti, par la rupture entre Staline et Zinoviev, c'est-à-dire par le conflit entre les organisations de Léninegrad et de Moscou. Zinoviev dénonce le péril koulak et le régime bureaucratique qu'il a lui-même créé. Staline et Boukharine accusent Zinoviev et Kaménev d'avoir provoqué l'échec du stockage des blés, voulu l'exclusion de Trotski, méconnu le paysan moyen. Leur mot d'ordre est : *feu à gauche !* L'organisation de Léninegrad est brisée. Ses membres sont envoyés en province par centaines. La foudroyante victoire de Staline est due au patient travail qu'il a dirigé depuis des années, usant des prérogatives du secrétariat général du parti, pour placer peu à peu, à tous les postes dirigeants des organisations locales, des hommes à lui.

Le passé de Zinoviev est lourd, sans doute, mais dans ce qu'il dit, il a raison. D'autre part, son alliance avec Trotski, qu'il persécutait naguère, va porter un coup décisif à la légende du trotskisme, antithèse du léninisme. C'est ce que pensent les vieux opposants de 1923. En attendant, les fautes de la direction se suivent : la révolution chinoise, qu'elles compromettent nettement, pose les problèmes les plus graves. Les opposants de 1923 (Trotski, Radek, Préobrajenski) et ceux de Léninegrad (Zinoviev, Kaménev) scellent leur alliance. Dans une séance mémorable du Comité central, Zinoviev reconnaît que ses adversaires de 1923 avaient raison contre lui sur un point capital (le régime du parti), que le trotskisme est une légende fabriquée de toutes pièces, qu'un comité occulte des sept s'était formé pour diriger les campagnes contre Trotski... Cette séance s'achève dans un tumulte terrible

Dès ce moment, la lutte entre les dirigeants du parti et l'opposition devient acharnée. Impossible d'en suivre les péripéties.

Résumons plutôt la plateforme de l'opposition.

L'opposition affirme que le koulak, le nepman, le bureaucrate — la nouvelle bourgeoisie naissante, en un mot — font des progrès menaçants et que la situation matérielle et politique de la classe ouvrière empire. Elle réclame le « feu à droite ».

Elle dénonce le mal bureaucratique dans le parti et dans l'Internationale communiste, la pression exercée par les bureaux sur tous les membres du parti, la corruption des cadres, et réclame le retour à la démocratie intérieure « comme au temps de Lénine ».

Elle dénonce l'ambition de Staline qui veut éliminer ses adversaires personnels de la direction du parti. Elle réclame la publication et l'application du testament de Lénine, c'est-à-dire de l'un des derniers messages de Lénine aux dirigeants du parti, dans lequel Lénine recommande de relever Staline, « grossier et déloyal », du secrétariat général et déclare considérer Trotski comme l'un des meilleurs chefs du parti.

Elle combat au nom de l'internationalisme prolétarien la théorie du socialisme réalisable « dans un seul pays ».

Elle réfute l'optimisme officiel qui affirme que la situation économique ne cesse de s'améliorer et que les campagnes s'acheminent paisiblement vers le socialisme. Elle dénonce les périls de « l'industrialisation au ralenti ». Elle réclame une politique d'industrialisation plus active.

Elle dénonce enfin la tactique désastreuse suivie par l'Internationale communiste dans la révolution chinoise, où les communistes soutiennent tour à tour Tchang-Kaï-Chek, le Kuomintang, le gouvernement de Wou-Han, bref leurs pires ennemis, leurs bourreaux du lendemain et vouent ainsi le mouvement ouvrier et paysan à des défaites aussi démoralisantes que sanglantes. Elle bombarde la direction du parti et de l'Internationale communiste de thèses et d'avertissements littéralement prophétiques, qui lui valent une averse de sanctions.

Il faut noter le rôle capital de la révolution chinoise dans les événements de l'U. R. S. S. C'est la révolution chinoise qui a obligé les opposants, même ceux qui se considéraient comme voués à la défaite, à ne s'arrêter devant rien. « Pouvions-nous temporiser, demandent-ils, quand une grande révolution populaire était conduite à sa perte par la répétition mécanique des vieilles erreurs du menchévisme de 1905 ? » Ils ajoutent : « Le moment était trop grave. Nous ne devions pas hésiter à nous faire écraser pour jeter un avertissement suprême au parti et à la IIIᵉ Internationale. » Le fait est que la révolution chinoise, qui avait commencé sous les meilleurs auspices, allait de défaite en défaite.

L'opposition n'a ni le droit de parler, ni celui d'écrire. Ses membres sont déplacés, privés de travail — c'est-à-dire affamés — exclus. C'est l'usage courant. La presse tout entière l'accuse chaque jour de trahison, d'esprit social-démocrate et des pires méfaits. On l'accuse de préconiser le défaitisme en temps de guerre. On lui fait souvent dire le contraire de ce qu'elle dit. Ses rectifications ne sont pas insérées. Aux approches du XVᵉ Congrès du parti, à l'automne de 1928, la lutte s'envenime.

Les statuts du parti prescrivent que tous les membres doivent être invités à la veille des

Congrès, un ou deux mois à l'avance, à étudier
et discuter la politique générale du parti. Le
Bureau politique — dont on exclut à la hâte
Trotski, Zinoviev et Kaménev — décide que
l'on ne discutera que ses thèses à lui. Treize
membres du Comité central — et non des
moindres — présentent en vue du Congrès
la plate-forme de l'opposition. Staline déclare
cette plate-forme contre-révolutionnaire et en
interdit la publication, la diffusion, la lecture
même.

Les opposants décident alors d'en appeler
au parti par leurs propres moyens. Ils publient
leurs documents en se servant de machines
à écrire. Le Guépéou intervient et les saisit.
La presse répand par le monde que l'opposition crée dans l'U. R. S. S. des imprime-
ries clandestines, ce qui est faux, car une
machine à écrire ne constitue pas un matériel d'imprimerie. L'opposition manifeste le
7 novembre, lors des fêtes du Xe anniversaire
de la Révolution d'Octobre ; des cadres prépa-
rés la sifflent et, parfois, l'assomment. A Moscou,
sur la Place Rouge, deux opposants. qui déploient
une pancarte portant ces mots : « Souvenez-vous
du testament de Lénine », sont assommés.

Le logement de l'opposant Smilga, qui avait affiché à son balcon les portraits de Lénine et de Trotski, est mis à sac : des gaillards sûrs de l'impunit édéchiren jusqu'au portrait de... Lénine. Trotski, Zinoviev, Radek organisent dans les logements ouvriers une campagne de réunions de membres du parti. Le Comité central alarmé par le succès de ces réunions autorise « les ouvriers » à les dissoudre par la force. C'est l'appel aux violences de la rue, l'impunité garantie d'avance. Les réunions cessent.

L'homme des pourparlers de Brest-Litovsk en 1918 et de la Révolution allemande, le premier ambassadeur des Soviets à Pékin et à Tokio, Ioffé, malade et mis dans l'impossibilité de se soigner, se brûle la cervelle à Moscou, pour adresser au parti une suprême protestation contre l'exclusion de Trotski et de Zinoviev. Il laisse, sous forme d'une dernière lettre à Trotski, un testament politique impressionnant. Plus d'un millier d'hommes suivent sa dépouille à travers Moscou. Des rumeurs singulières circulent cependant : les chefs de l'opposition sont accusés de complot et de connivence avec la contre-révolution blanche. Il y a un ex-officier de Wrangel dans l'affaire. Cet ex-officier blanc s'avère un agent du Guépéou. Dégonflement.

Le XVe Congrès se réunit dans cette ambiance de répression, après des mois d'exclusions quotidiennes — les opposants sont exclus par groupes entiers, 39 ouvriers d'un seul coup à Léninegrad — et de « terreur dans le parti ». Il va de soi que, dans les conférences régionales, triées sur le volet, les opposants *n'ont pas obtenu un mandat* de délégué. Le Congrès est un Congrès d'unanimité. Il prononce à l'unanimité l'exclusion de l'opposition, déjà exclue du reste dans sa grande majorité. Il chasse du parti quiconque n'approuvera pas sans réserve ses décisions. Il déclare insuffisante la soumission à ses décisions et réclame des opposants l'abjuration de leurs idées. Zinoviev et Kaménev abjurent mais restent, pour six mois, à la porte du parti. Dès la semaine suivante, les déportations commencent.

Le mois suivant, la crise des blés, les scandales de Chakhti et de Smolensk réclament l'attention ; le désastre de la révolution chinoise se précise. Staline reprend, mot pour mot et même avec des exagérations, certaines propositions de l'opposition vaincue. Guerre au koulak ! Campagne d'autocritique dans le parti ! Lutte contre la bureaucratie ! Les énormes erreurs commises en Chine sont reconnues — un peu tard — et imputées au Comité central du parti communiste chinois.

Quelques mois s'écoulent et Staline commence une vaste campagne contre la « droite nettement opportuniste du parti ». Les dirigeants de l'organisation de Moscou sont relevés de leurs fonctions. Il est beaucoup question de l'opportunisme de Boukharine. Mais la droite garde obstinément le silence, quand elle ne se joint pas hautement à la campagne contre la droite ! On peut lire dans les journaux : « Certains droitiers crient plus haut que les autres : à bas la droite... Mais nous ne nous laisserons pas tromper ! » Les choses en sont là.

Une nouvelle crise mûrit.

XI. — LA RÉPRESSION DU « TROTSKISME »

DIALOGUE
ENTRE UN ORTHODOXE ET UN OPPOSANT

LA répression du trotskisme commença aussitôt après le XVᵉ Congrès. 4.000 opposants environ furent exclus. Des milliers d'autres se rétractèrent. La plupart des exclus furent chassés de leurs emplois. Au cours de perquisitions faites à Moscou, le Guépéou saisit des copies de deux lettres adressées par les chefs de l'opposition russe à leurs camarades communistes de France et d'Allemagne ; il était dit dans ces messages que la gravité de la situation dans l'Internationale communiste justifiait la formation d'une fraction internationale de gauche. La publication de ces « documents sensationnels », qui n'avaient rien de sensationnel en réalité, servit à justifier la

déportation de trente des leaders les plus en
vue de l'opposition. Trotski fut envoyé à
Alma-Ata, aux frontières de la Mongolie. Karl
Radek, indomptable agitateur international,
vétéran de toutes les prisons d'Europe, sur-
vivant des insurrections spartakistes de Berlin,
fut envoyé à Tobolsk où devait bientôt le
rejoindre son fils. L'ex-commissaire du peuple
aux Postes et Télégraphes, un des chefs de
l'Armée Rouge aux temps difficiles, vieux bolchévik sibérien, I. N. Smirnov, fut envoyé en
Abkhasie, sur la mer Noire.

Les chefs de la révolution dans l'Oural,
Mratchkovski et Bieloborodov, hier commissaire du peuple à l'intérieur, revinrent en qualité d'exilés politiques dans les régions qu'ils
avaient défendues contre l'ennemi.

Un des dirigeants de l'insurrection d'Octobre
à Moscou, Mouralov, se vit assigner pour rési-
dence le bourg de Tara, perdu dans les forêts
de la Sibérie à des centaines de lieues du chemin
de fer. L'organisateur de la flotte de la Baltique
en 1917, économiste de talent et homme de
guerre par ailleurs, Smilga, partit pour le pays
malsain de Narym, dans l'Asie centrale, où
l'on déporte quelquefois les spéculateurs. Voya

Vouyovitch, jeune Serbe connu pour sa dévorante activité dans l'Internationale des Jeunesses communistes partit, malade, pour Arkhangelsk. Le groupe de Sapronov fut plus durement traité encore : on envoya l'économiste V. M. Smirnov et sa femme dans les toundras du nord de l'Oural, à Berezovo, sous le cercle polaire. Des amis recueillirent leur enfant. Un trotskiste connu, Rafaïl, fut exilé à Touroukhansk, dans des solitudes glacées. Préobrajenski et Rakovski furent mieux traités : on envoya l'un à Ouralsk, l'autre à Astrakhan.

Ces mesures furent accueillies avec sang-froid par les opposants. Le pays en ignora presque tout. Du fond des bourgades sibériennes, les exilés se mirent à correspondre entre eux, puis avec les centres, légalement et illégalement. Bientôt une foule de lettres, thèses, articles, circulèrent sous le manteau dans toutes les usines, dans tous les milieux éveillés du parti. Les événements donnaient cependant raison à l'opposition. Traquée, elle s'organisa clandestinement. Sa littérature, dactylographiée le plus souvent, puis imprimée sur des presses rudimentaires, naturellement illégales, se multiplia. Elle adressa au VIe Congrès de l'Internationale communiste un appel qui ne fut porté à la connaissance des délégués au Congrès qu'à titre de document secret. Trotski écrivit sur le programme de l'Internationale des remarques critiques que l'on préféra cacher de même. D'autres écrits de lui traitaient de la révolution chinoise, du problème rural, de questions d'histoire. Alors que la vie intellectuelle du parti s'étiolait, celle de l'opposition redoublait d'intensité. Il fallait sévir.

Le Guépéou procédait sans cesse à des arrestations suivies de déportations. De règle, ceux qui, arrêtés, se refusaient à abjurer, étaient déportés après quelques mois d'emprisonnement au secret. A la fin de l'été, le nombre des déportés s'élevait à 400 environ. Autant d'opposants attendaient dans les prisons un ordre de départ.

Des bruits alarmants coururent sur ces entrefaites au sujet de Trotski. On parla d'un attentat, dont il aurait été l'objet ; puis d'un second attentat. On ne savait rien au juste et le manque de nouvelles accroissait la nervosité des ouvriers opposants. La fille aînée de Trotski, Nina Lvovna Bronstein, mourut à Moscou, de tuberculose ; le vieux chef se vit

refuser l'autorisation d'assister à ses obsèques,
On apprit enfin qu'il était assez sérieusement
malade. C'est ce qui décida les groupes d'opposants à lancer leurs premiers appels aux prolétaires. Jusqu'alors, ils s'étaient bornés à
l'agitation au sein du parti ou dans les milieux
ouvriers avoisinant le parti. A Kharkov, Kiev,
Moscou, Léninegrad, les usines furent inondées
de tracts protestant contre la répression, exigeant la réintégration des exclus, l'assainissement du parti et, formule sacramentelle, « l'offensive contre le koulak, le nepman et le bureaucrate ».

Des centaines d'arrestations répondirent à
cette reprise de l'agitation. Staline déclara au
Comité central (ce fut publié dans la *Pravda*)
qu'il restait dans le parti plusieurs dizaines de
milliers de trotskistes. Pendant que la direction déclenchait sa bruyante campagne contre
la droite, on arrêtait à gauche, dans toutes les
usines. Les protestations de l'opposition se
suivaient, marquant chaque effort de la répression dont les journaux ne soufflaient mot. On
pouvait vivre dans l'U. R. S. S. sans se douter
de cette lutte ardente qui se livrait dans l'ombre
entre quelques milliers de communistes résolus,

forts de la sympathie des ouvriers avancés, et le Guépéou.

Une année s'est écoulée depuis le début de cette lutte, et les arrestations, les déportations, les appels clandestins, les manifestations illégales continuent : il n'est question que de mesures extraordinaires, de répression impitoyable de cette « forme nouvelle de la contre-révolution et du menchévisme ». Cette ténacité, cette vitalité de l'opposition prouvent, en tout cas, que ses chefs ne furent jamais des « généraux sans troupe », une « poignée d'intellectuels pessimistes », comme la presse soviétique l'a trop souvent dit, et qu'ils ont de nombreuses sympathies dans les usines.

Des incidents tragiques aggravèrent la lutte à la fin de 1928. Un des secrétaires de Trotski, son collaborateur au Comité des Concessions et son parent par alliance, Georges Vassiliévitch Boutov, vieux soldat de guerre civile, arrêté sous l'inculpation infamante d'espionnage et mis dans l'impossibilité de se défendre, se laissa mourir de faim dans une prison de Moscou. Il mourut, dit-on, le 26 octobre, au 35e ou au 50e jour de grève de la faim ; les journaux n'en dirent rien. A Léninegrad, un ouvrier de l'usine du Triangle Rouge, nommé Albert Heinrichson, marié, père de famille, révolutionnaire depuis 1905 et communiste depuis 1918, arrêté le 21 octobre, mourut mystérieusement, en prison, le 31. Le Guépéou donna successivement à sa femme deux versions : celle de l'apoplexie et celle du suicide. Le corps portait des traces de violence. A Kharkov, des ouvriers opposants furent passés à tabac. Des incidents mal connus se produisirent à la prison de Boutirki, à Moscou. On apprit qu'une décision du Guépéou venait de couper toute la correspondance des déportés. Leurs familles cessant de recevoir des lettres s'affolèrent. Les déportés se trouvèrent doublement arrachés à leurs proches, et voués, sans la moinde défense, à une solitude accablante. À la veille du XIe anniversaire de la Révolution d'Octobre, des centaines de nouvelles arrestations eurent lieu à Kiev, Kharkov, Odessa, Léninegrad, Moscou. A Kiev, des milliers d'ouvriers manifestèrent dans la rue, devant les fenêtres du Guépéou, en exigeant la libération des emprisonnés. Plusieurs fois dispersés par la force, la manifestation recommença chaque fois. Quelques ouvriers arrêtés furent libérés, pour être de nouveau arrêtés au bout de peu de temps. A Odessa, le jour du XIe anniversaire, de violentes manifestations se produisirent de même dans la rue, provoquées par la brutalité de la milice, qui prit d'assaut et saccagea le logement d'un ouvrier qui avait exposé à son balcon, à côté du portrait de Lénine, un portrait de Trotski.

Toute correspondance avec l'exilé d'Alma-Ata avait cessé, des rumeurs sinistres circulaient. A la fin de l'année, l'activité des opposants dans les usines redoubla à l'occasion du renouvellement des contrats collectifs ; ils étaient visiblement beaucoup plus forts qu'au début de l'année. La crise économique revêtait de jour en jour une plus grande acuité, la majorité du parti était, sous son unité apparente, de plus en plus minée par la lutte entre la droite et Staline. Cette situation fit sans doute décider d'en finir, une fois pour toutes, avec l'opposition. De la fin de décembre à la mi-janvier, 300 arrestations eurent lieu rien qu'à Moscou. Des rumeurs bizarres circulèrent. On chuchotait que Trotski venait de disparaître brusquement, enlevé d'Alma-Ata. Le bruit se répandit qu'il était banni et envoyé en Turquie, dans le plus grand secret. La presse ne disait rien.

Des majoritaires disaient qu'il était banni sur sa propre demande. Les opposants démentaient cette rumeur avec indignation et ne dissimulaient pas qu'ils craignaient pour la vie de leur chef.

L'atmosphère dans laquelle se déroule cette lutte ne peut être rendue. Tout est mystère, ténèbres, rumeurs, anxiétés, affirmations contradictoires, démentis, surprises, angoisses. Des hommes disparaissent mystérieusement en allant à leur travail ou en sortant de chez eux. Leurs proches questionnent en vain la milice ou le Guépéou Nul ne sait rien. Au bout de quinze jours ou d'un mois, on apprend qu'ils sont arrêtés. Les journaux ne mentionnent les arrestations que dans des cas exceptionnels, à des fins politiques, quand il s'agit, par exemple, de préparer le public à l'annonce du bannissement secret de Trotski. Voici, à ce propos, le communiqué paru dans la *Pravda* du 24 janvier, en 4ᵉ page, en caractères microscopiques :

« Le Guépéou a récemment procédé à l'arrestation d'une organisation trotskiste illégale coupable d'activité antisoviétique. 150 personnes ont été arrêtées. De ce nombre : Mdivani, Pankratov, Globous, Drobnis, Kavtaradzé,

Voronski, Gaevski, Grünstein. Des documents antisoviétiques ont été saisis au cours des perquisitions. Ces personnes étant hostiles à la dictature du prolétariat seront soumises à une réclusion sévère. »

Pas un mot de plus. Retenons parmi les noms cités celui de Mdivani, ancien président du Conseil des Commissaires du Peuple de Géorgie, ancien délégué à la Conférence de Gênes, ancien représentant commercial des Soviets à Paris, et de Voronski, ancien directeur de la revue littéraire la plus connue dans l'U. R. S. S., la *Krassnaya Nov*, et l'un des plus remarquables des critiques littéraires communistes.

Qu'il suffise d'un communiqué aussi laconique pour justifier la « réclusion sévère » de tels hommes, voilà, pensons-nous, une chose en présence de laquelle les amis les plus sincères, les plus dévoués de la Révolution, ne sauraient taire leur tristesse et leur inquiétude.

Les incarcérés sont gardés au secret, parfois pendant des mois. Ils peuvent écrire à leur famille une carte postale une fois tous les quinze jours ; la carte postale n'arrive pas toujours. Pendant les dix ou vingt premiers jours ils sont souvent privés de promenade et même de toute lecture. L'instruction est secrète, aucune défense n'est admise. Le verdict est prononcé par un collège ou conseil du Guépéou sur les conclusions du juge d'instruction, sans que l'accusé soit entendu. L'accusé est en un mot absolument sans défense, absolument isolé, absolument au pouvoir de ses adversaires.

Les déportés trouvent parfois du travail au lieu où ils sont tenus de résider. Dans le cas contraire, ils vivent de coutume des quelques roubles que leur alloue mensuellement l'administration. Le terrible pour eux, c'est d'être perdus dans la steppe et condamnés parmi des Bouriates, des Kirghises ou des Yakoutes, à un isolement moral plus dur que celui des prisons, et à une existence si morne qu'elle engendre, à la longue, une sorte de détraquement moral, bien connu des Sibériens.

Bon nombre d'entre les opposants arrêtés au début de l'année ont été envoyés dans le vieux bagne de Tobolsk. Le nombre total des emprisonnés et des déportés n'est connu de personne. Il devait varier en janvier 1929 entre 1.500 et 2.000.

Dans les prisons, les détenus politiques sont beaucoup plus durement traités que les condam-

nés de droit commun. Ces derniers bénéficient
seuls, en règle générale, des grandes améliorations apportées par les Soviets au régime des
prisons (installations de clubs et de théâtres,
enseignement, visites, congés) et des fréquentes
amnisties.

****

Il est pénible d'avoir à relater des choses
qu'il serait malhonnête de taire. J'ai connu de
nombreux opposants, j'ai connu des hommes
du Guépou j'ai connu des hommes de la
majorité du parti, des « officiels » comme on
dit quelquefois. Les uns et les autres sont des
communistes dévoués, dévoués jusqu'à la mort,
à la République des Soviets et à la cause des
travailleurs. Je sais que le gouvernement des
Soviets, quand il réprime, avec cette dureté,
l'activité de vieux révolutionnaires qui sié-
geaient hier dans son sein, le parti communiste
quand il emprisonne sa propre gauche exclue,
invoque — avec une sincérité dont je ne
puis douter, car personne, personne, même

parmi les emprisonnés et les déportés, n'en doute — le salut de la Révolution. Je sais aussi que les opposants ne résistent et n'agissent, acceptant froidement tous les risques, qu'avec la conviction absolue de servir l'intérêt supérieur de la Révolution. J'éprouve un besoin douloureux de comprendre et de faire comprendre ces choses, cette lutte, ce déchirement de frères, devenus ennemis, mais demeurés frères, où l'étranger discerne un des plus grands dangers qui soit pour l'avenir du communisme. J'ai interrogé les uns et les autres. Je me représente très bien ce qu'ils se seraient dit, s'ils avaient pu discuter en ma présence. Voici à peu près les arguments qu'auraient échangés un majoritaire moyen, informé par les journaux, et un opposant de ceux qui ne rentrent jamais chez eux, le soir, sans jeter un coup d'œil scrutateur aux fenêtres du logis qui peut, à chaque instant, devenir une souricière.

— L'unité du parti, dirait le majoritaire, est la première condition d'existence de la dictature du prolétariat. Le parti divisé, tout risque de s'effondrer. Et vous travaillez, insensés ! à la scission du parti !

L'opposant répondrait :

— Le parti, vous l'avez scindé, aveugles que vous êtes ! Le régime intenable que vous y avez créé a nécessité notre rébellion. Vous n'avez jamais voulu réellement discuter, réformer, améliorer, vous n'avez usé que de la manière forte contre les meilleurs serviteurs du parti. Vous savez très bien que son unité n'est qu'apparente et que votre majorité même est aujourd'hui obscurément divisée en une droite et un « centre » qui se combattent âprement dans l'ombre. Nous préconisons le retour à l'unité véritable du parti, unité qu'il faut refaire par une profonde réforme du régime intérieur, par la réformation des erreurs commises, par le retour à Lénine.

— Vous êtes des menchéviks, des social-démocrates, vous ne parlez que de démocratie, vous n'aspirez qu'à la démocratie, comme ces contre-révolutionnaires.

— Les menchéviks et, à l'étranger, les social-démocrates, préconisent la collaboration avec la bourgeoisie au sein de la démocratie capitaliste, telle qu'elle existe en France, en Allemagne, en Angleterre. Nous reprochons, au contraire, au Comité central son manque de clairvoyance dans la lutte des classes, ses velléités inconscientes de collaboration avec les éléments antisocialistes du pays. Nous dénonçons le danger d'un glissement vers la démocratie bourgeoise ; nous sommes partisans de la démocratie ouvrière, soviétique, de l'État-Commune conçu par Lénine, de la dictature du prolétariat : large démocratie pour les travailleurs, dictature contre les ennemis du travail. Quoi de plus contraire au menchévisme que vous nous imputez en nous bâillonnant ?

— Votre activité clandestine creuse un fossé entre vous et le parti auquel vous attestez votre fidélité. Vos actes démentent vos paroles.

— Vous nous avez réduits à l'activité clandestine. Donnez-nous la parole dans le parti, hors du parti, où vous voudrez. Mais cela, vous ne l'oserez jamais, parce que votre politique redoute par trop la critique.

— Votre activité clandestine vous met, que vous le vouliez ou non, au premier rang des ennemis du régime. La contre-révolution tout entière place ses espoirs en vous. Elle vous pendrait sans doute aux mêmes potences que nous, mais elle espère bien passer par la brèche que vous ouvrez.

— Le régime bureaucratique que nous vous

reprochons d'entretenir en feignant de le combattre, installe la contre-révolution la plus perfide dans tous les rouages de l'État prolétarien et du parti. Quand vous nous persécutez, toute la petite bourgeoisie haineuse est derrière vous, toute la bourgeoisie internationale vous approuve.

— Votre activité clandestine est une préparation de guerre civile. Vous êtes voués aux complots. Si vous vous fortifiiez, vous ne manqueriez pas de tenter de nous renverser par la force.

— Nous exigeons la réforme du parti et de l'État soviétique. Nous sommes, au pays des ouvriers et des paysans, des *réformistes* et non des « révolutionnaires ». Même dans l'illégalité, les communistes laissent les complots imaginaires aux procureurs et les vrais complots aux aventuriers. Si nous nous fortifiions, un Congrès extraordinaire du parti, où nous aurions enfin la parole, suffirait à mettre chacun à sa place.

— Votre activité clandestine excite les ouvriers arriérés contre le régime. Vous croyez critiquer les erreurs politiques du Comité central ; vous montez, en réalité, vos auditeurs contre le régime.

— Vos erreurs sèment parmi les travailleurs une désaffection autrement grave que toute interprétation fâcheuse de nos critiques par des éléments arriérés. Le mal est dans les faits et non dans la divulgation des faits.

— Votre activité internationale discrédite l'U. R. S. S., la dictature du prolétariat, le parti, se confondant ainsi avec celle de nos pires ennemis.

— Vos actes les discréditent bien davantage. Nous ne disons jamais que la vérité. L'éducation du prolétariat international doit se faire par la vérité et non par l'optimisme officiel qui dissimule les difficultés, les fautes, les périls. Nous sommes dans la tradition de Lénine : il ne mâchait pas ses mots. Rappelez-vous comme ses dicours ont quelquefois réjoui des adversaires d'ailleurs très myopes.

— N'oubliez pas que la guerre menace !

— Justement. Choisissez entre les soldats de la Révolution que nous sommes et vos armées de bureaucrates prêts à toutes les trahisons !

Cette discussion entre deux irréductibles ne pourrait se terminer que par un échange de répliques de ce genre :

— Vous avez perdu toutes attaches avec le parti. Le Comité central sait ce qu'il fait. Au fond vous êtes affolés par les difficultés. Vous devenez, malgré vous, des auxiliaires de la contre-révolution. Je fais mon devoir de communiste, je téléphone au Guépéou.

— Et vous, vous avez perdu l'esprit critique et la clairvoyance prolétarienne, grâce auxquels le parti a fait la révolution. Le Comité central, s'il était à la hauteur de sa mission, aurait besoin de militants et non d'approbateurs à tout faire. Au fond, vous êtes tellement bureaucratisés que vous ne voyez plus bien les difficultés. Vous contribuez, malgré vous, au glissement du parti à droite, c'est-à-dire vers une restauration du capitalisme Je fais mon devoir de communiste. Arrêtez-moi, déportez-moi, je continuerai.

— Prenez garde ! Nous serons impitoyables. Souvenez-vous de la fin des *Enragés* de la Révolution française !

— Nous défendrons, quoiqu'il puisse nous en coûter, la dictature du prolétariat, la doctrine communiste, les intérêts de la classe ouvrière menacés par vos erreurs. Prenez garde ! Quel sort vous attend quand vous nous aurez anéantis ? Souvenez-vous de la fin de Robespierre !

*
**

Je n'ignore pas qu'il y a dans l'U. R. S. S. d'autres prisonniers politiques que les communistes appartenant à l'opposition. Il y en a. Un régime qui veut transformer la société entière, qui a subi tant d'assauts furieux, qui est entouré de tant d'ennemis, doit se défendre contre l'espionnage, la trahison, la conspiration de l'étranger, les tares, enfin, du passé. La classe ouvrière russe a dû recourir à la terreur, pour garder le pouvoir et échapper ainsi elle-même à la terreur blanche. Les révolutions ne connaissent pas d'autres lois. La terreur est finie dans l'U. R. S. S., mais il en reste quelque chose. Je trouve naturel que la classe ouvrière au pouvoir se défende, hélas ! avec les mêmes armes que les autres classes au pouvoir. Je trouve naturel que les ennemis du régime des Soviets, ceux qui ne l'ont jamais reconnu, ceux qui ont tenté, ceux qui rêvent encore de le renverser par la force des armes, avec l'appui de l'étranger, soient réduits dans l'U. R. S. S.

à l'impuissance de nuire. Rien n'est plus nécessaire au salut de la révolution que la répression de la contre-révolution.

Autre chose est de se qualifier arbitrairement de contre-révolutionnaires entre frères ennemis, rivaux attachés au service d'une même cause. Autre chose d'user contre les fondateurs de la République des Soviets des armes forgées pour combattre ses ennemis mortels. Autre chose enfin de réprimer, au sein de la classe ouvrière, une action réformatrice même erronée, même dangereuse, exactement comme on réprime les menées des partisans de l'ancien régime.

Dans le premier cas, on défend la révolution. Dans le second, on l'affaiblit.

Je vois sourire des amis russes. Je les entends conclure :

— Vous voudriez donc que nous laissions les trotskistes désorganiser à leur aise le régime ?

Non, camarades. Je ne prétends pas vous apprendre ce qu'il faut faire. Mais je vous connais les uns et les autres. Je sais que vous êtes des frères ennemis. Le même sang de révolutionnaire coule dans vos veines. Vous avez versé le même sang sur les mêmes barricades. Vous poursuivez la même fin avec des âmes

encore peu différentes, bien que l'on voie déjà
s'esquisser, parmi vous, deux qualités d'hommes
qui risquent de devenir bientôt fâcheusement
différentes. Vous appartenez ensemble à l'espoir
du monde. Je vous crie, moi qui ne suis qu'un
passant étranger : la réconciliation ne peut
pas être impossible entre vous. Je rapporte de
l'U. R. S. S. la certitude intérieure qu'elle
est possible. Vous devez apprendre à tran-
cher, autrement qu'avec l'aide de geôliers, des
divergences de vue. Oui, vous nous le devez.
Vos luttes sont fratricides. Que d'autres s'en
réjouissent. Moi, je vous crie : assez. Tout cela
risque de se payer trop cher.

Et puisqu'il y a déjà parmi vous des vain-
queurs et des vaincus, des puissants et des déportés, laissez-moi vous dire que ce sont les plus
forts qui peuvent le plus pour atténuer ou
apaiser les discordes.

XII. — CELUI QU'ON NE VOIT PAS : TROTSKI

SA POPULARITÉ. — SON DESTIN
L'EXIL D'ALMA-ATA

PEUT-ÊTRE faut-il ajouter aux crises que l'on observe aujourd'hui en U. R. S. S. une crise de chefs. Le parti n'a plus l'éblouissante couronne de chefs des six premières années de la Révolution. Les uns sont morts, les autres... Les chefs actuels n'ont que l'autorité, péniblement entretenue par la presse, de ministres ou de leaders officiels. On dit de l'un qu'il est intelligent, mais qu'il fut au début de la Révolution contre la prise du pouvoir, contre la dictature du prolétariat, et qu'il boit : de l'autre que c'est un théoricien excellent, mais versatile et trop enclin à la casuistique ; du troisième — le plus fort — qu'il est borné, têtu, rusé, tenace, que Lénine l'a bien jugé dans son testament. On a peut-être tort de penser et de dire ces choses, mais le fait est qu'elles courent la rue. Ces dirigeants n'ont pas le prestige des chefs qui entraînent les masses.

Le seul homme qui ait gardé dans l'U. R. S. S. un prestige étonnant, c'est celui qu'on ne voit plus, l'exilé d'Alma-Ata. Au moment de mon séjour dans l'U. R. S. S., il reste environné d'une légende épique ; sa haute intelligence, sa probité personnelle, sa fermeté de caractère ne sont pas contestés de ses pires ennemis. Les campagnes acharnées qu'on a faites pendant des années et qu'on continue contre lui ne portent guère. Chacun sait que la première condition de ces campagnes, c'est le silence de Trotski. On peut dénoncer ses « erreurs » politiques de 1906, de 1912, de 1913, etc., on peut l'ériger en anti-Lénine, on peut ignorer ou déformer son rôle dans la Révolution de 1905, son rôle d'organisateur de la Révolution d'Octobre, son rôle d'organisateur de l'armée rouge et de la victoire, son rôle de réorganisateur des transports et de l'industrie après la guerre civile, on peut le traiter de contre-révolutionnaire, mais à une condition capitale : qu'il n'écrive ni ne parle. L'art des campagnes anti-trotskistes a consisté

À lui refuser systématiquement la parole. Au Comité central, quand il en était encore membre, on ne la lui donnait que pour 5 minutes ; et l'on s'arrangeait parfois ensuite pour faire sauter son discours (de 5 minutes) du compte rendu sténographique d'ailleurs secret et envoyé aux seuls dirigeants des organisations. La terreur qu'inspire sa parole écrite ou orale est telle que l'on a déporté des gens pour l'avoir seulement approché ou pour avoir lu un document signé de lui. De nombreux écrits de lui circulent sous le manteau et sont publiés à l'étranger. Le grand public de l'U. R. S. S. les ignore — et il est curieux de remarquer que le citoyen de l'U. R. S. S., le communiste même, ne peut pas lire, sans risquer la prison et la déportation, les brochures de l'opposition que n'importe qui peut acheter à Paris et à Berlin — mais ceux qui peuvent se les procurer les dévorent. Exilé à Alma-Ata, Trotski a beaucoup écrit. Toute une littérature clandestine circule ainsi dans le pays.

On se rend généralement compte qu'il avait raison, il y a deux ou trois ans, quand il annonçait les difficultés présentes et préconisait des remèdes que l'on a feint d'adopter trop tard.

Sa popularité est celle d'un chef de partisans.

Il a ce que seul Lénine eut : des milliers de disciples, de partisans qui lui vouent une confiance absolue, aiment l'homme, admirent et suivent jusque dans les prisons le chef qu'ils ont suivi naguère sur les champs de bataille. Ceux qui l'ont approché gardent longtemps l'impression de ce magnétisme personnel qui fait les entraîneurs d'hommes. On craint beaucoup pour sa vie. Des rumeurs sinistres, nées de l'inquiétude, circulent une fois par mois. L'action clandestine de l'opposition a commencé au printemps dernier par un appel aux prolétaires, imprimé cette fois dans une véritable typographie illégale, lancé à un moment où Trotski était malade, et qui disait en substance : « Le chef de l'armée rouge risque de mourir dans le désert... » Quelque temps auparavant, il avait été l'objet d'une agression dans sa demeure (son fils et lui, armés de fusils de chasse, avaient dû repousser des inconnus qui tentaient de forcer leur porte), ce qui avait contribué à répandre des bruits d'assassinat.

Sa popularité est celle dont on n'ose parler qu'à voix basse ou entre intimes. Les sans-parti ou les communistes appartenant à la majorité vous parlent de lui — en tête-à-tête — avec

respect. Deux sortes d'hommes paraissent le
détester franchement : toute une couche de
nouvelle bourgeoisie, bien adaptée au régime,
très loyale en apparence, qui professe qu'il
eût fallu depuis longtemps le fusiller ; et les fonctionnaires officiels du parti et le petit monde qui
gravite immédiatement autour d'eux.

Pas de semaine que l'imagination populaire
n'invente quelque anecdote sur lui et sur ses
rivaux, toujours au désavantage de ces derniers.

On pense assez généralement qu'en cas de
guerre ou de calamité publique, il reprendrait
le pouvoir ; mais on pense aussi que tout sera
fait pour l'en éloigner et que ses chances de
revenir au pouvoir sont infimes. C'est pourtant,
de l'avis de tous, l'homme le plus grand et le
plus capable de la Russie nouvelle.

Un communiste opposant m'a dit :

« Il est en ce moment au sommet de sa vie.
L'histoire connaît peu d'exemples d'une pareille
fidélité aux principes de la classe révolutionnaire. Songez qu'il lui eût suffi d'une légère
entorse à ces principes pour garder une part
éminente du pouvoir, songez qu'en 1926 on lui
offrait encore un poste de commissaire du

Peuple. Il a délibérément renoncé au pouvoir, accepté tous les risques, *tous*, je le souligne, depuis longtemps, pour défendre l'intérêt supérieur du parti et de la révolution. Il me disait : « Le sort de Liebknecht n'est pas si différent qu'on le croit du sort de Lénine ». Le révolutionnaire prolétarien doit savoir, s'il le faut, successivement, vaincre comme Lénine et tomber comme Liebknecht, voilà le sens de ce mot. Le principal est de servir ainsi ou autrement la cause du prolétariat international.

« Pour lui, trois hypothèses sont possibles :

« La première c'est que les meilleurs éléments du parti, éclairés un jour par l'immensité du péril, voyant la Révolution en danger, se voyant à la veille du 9 thermidor, se ressaisiront. Il reprendra alors sa place au premier rang des conducteurs du prolétariat.

« La seconde c'est qu'il périra dans l'exil, en prison, dans quelque hameau perdu de la Sibérie. Il tombera sans faiblir, à son poste. Le nom, l'œuvre, l'exemple resteront ineffaçables. Un jour viendra où le prolétariat reconnaîtra les siens.

« La troisième c'est que, déporté, exilé ou libre, les circonstances l'obligeront à se consacrer aux travaux du théoricien et du savant, d'un savant qui formera plus tard des générations d'hommes d'action. Il continuera alors dans son cabinet de travail, à Alma-Ata ou ailleurs, l'œuvre de Marx et de Lénine.

« Vous voyez qu'on ne peut rien contre lui ! »

J'ai cherché à me renseigner sur ses conditions d'existence. Voici ce que j'ai appris aux meilleures sources. Il habitait la nouvelle capitale du Kazakstan, Alma-Ata, autrefois Vierny, ville de 40.000 habitants, située à plus de 200 kilomètres de la voie ferrée la plus proche (celle du Turkestan méridional), entre le désert au nord et les montagnes de l'Ala-Taou au sud. La frontière la plus voisine, à 300 kilomètres au midi, presque infranchissable à cause de quatre hautes chaînes de montagnes, est celle du Turkestan chinois. Entre le désert et la montagne, à l'orient du Pamir, aux confins de la Mongolie, Alma-Ata, « ville des pommiers », assez riante mais encore dépourvue de canalisation d'eau, est une vaste prison idéale. Lettres et journaux y parviennent de Moscou en 8 à 15 jours selon la chance. La ville est principalement peuplée de Kirghizes. Elle est sujette aux tremblements de terre. Le banditisme y est développé. Voilà pour la sécurité.

Léon Davydovitch Trotski y était théoriquement libre, mais pratiquement surveillé de très près. Quiconque cherchait à parvenir jusqu'à lui avait toutes les chances d'être arrêté en chemin et déporté. On a ainsi arrêté pas mal de communistes qui avaient naïvement pris le train pour Tachkent, puis Pichpek, la ville voisine ». Il habitait sur la hauteur, à peu de distance de la ville, un lieu désert. Il occupait avec sa femme, son fils aîné, jeune médecin qui lui sert de secrétaire, et sa charmante bru, à laquelle il a voué une affection particulière, trois petites pièces au 1er étage d'une maison, au rez-de-chaussée de laquelle le Guépéou local avait installé des gens à lui. A droite et à gauche, à quelque distance sur la route, les maisons voisines étaient également habitées par des gens du Guépéou.

Cette famille de déportés vivait pauvrement. Ses ressources provenant des camarades et de proches étaient des plus médiocres, pour ne pas dire plus. La gêne était constante. On faisait tout soi-même. On rencontrait parfois la haute silhouette du tribun d'Octobre au marché où il faisait ses emplettes, en bavardant avec les Kirghizes, sous l'œil soupçonneux des mouchards. On le voyait casser du bois dans la cour. Son plus grand plaisir était la chasse, qu'on lui avait défendue par moments sous des prétextes de sécurité.

Sa santé était précaire. Malaria, maladie du foie, rhumatismes. Son moral excellent. On lui avait proposé, dit-on, de le transférer au Caucase, mais sous une surveillance beaucoup plus étroite. Il refusa. On avait pris contre lui et contre tous les déportés, à partir du 15 octobre, une mesure administrative infiniment pénible : on avait coupé toute sa correspondance. Plus rien des lettres et dépêches ne lui parvenait, plus rien de lui ne partait (sauf évidemment la correspondance clandestine, irrégulière et risquée). L'isolement s'était épaissi, enténébré sur le déporté. Peu après, il devait apprendre que son beau-frère et secrétaire, Georges Boutov, était mort de faim dans une prison de Moscou. Il était sans défense, vieux lion en cage. Jamais il ne fut plus redoutable (1).

(1) Depuis que ces lignes ont été écrites, Trotski a été exilé à Constantinople et tous les gouvernements de l'Europe centrale et occidentale lui ont, jusqu'à présent, refusé asile.

Quelques petits faits, afin de montrer sa popularité véritable. Au plus fort des campagnes dirigées contre lui, en 1927, deux moujiks venus à pied de lointaines campagnes, vinrent le trouver au Comité des Concessions. Ils y firent sensation avec leurs peaux de mouton, leurs chaussures tressées, leurs barbes vénérables, leurs allures de *Khodoki* (on appelle ainsi ceux qui vont, à pied le plus souvent, dans les grandes villes, faire des démarches pour les communautés paysannes). Ils venaient se plaindre à Trotski — comme ils eussent été se plaindre à Vladimir Iliitch Lénine — d'une injustice, ne doutant pas d'être entendus... Il eut bien de la peine à leur faire comprendre qu'il ne pouvait plus grand'chose. Toute la presse le représentait à cette époque comme l'ennemi juré des paysans !

Son départ de Moscou fut marqué par les incidents suivants. Il fut condamné à 3 années de déportation « pour agitation contre-révolutionnaire » en vertu de l'article 58 du Code pénal, par la justice administrative du Guépéou qui ne prit pas la peine de l'entendre ou de motiver son arrêt. Quand l'ordre de départ lui eut été signifié, il demanda la communication téléphonique avec le Guépéou. Ce fut l'un des chefs de cette institution, nommé Deribass, qui vint à l'appareil. Or, ce Deribass, combattant en 1918 sous les ordres de Trotski au front de la Volga, contre les Tchécoslovaques, avait dans un moment de panique abandonné son poste. A peine se fut-il nommé que Trotski lui répliqua : — « Je ne parle pas à des déserteurs que le hasard a sauvés du poteau .»

Deux imposantes manifestations se produisirent le jour de son départ présumé. Une foule de plusieurs milliers d'ouvriers envahit la gare et empêcha, des heures durant, le départ du train. Les autorités n'osèrent pas réagir, à quelques brutalités près. Mais elles retardèrent le départ pour l'annoncer le lendemain à Trotski, à l'improviste. Afin de faire la lumière sur l'enlèvement par surprise qui se préparait et d'infliger un démenti aux communiqués de l'agence *Tass* qui publiait à l'étranger que l'opposition n'était l'objet d'aucune mesure de répression, Trotski refusa de partir et s'enferma chez lui. Les gens du Guépéou enfoncèrent successivement deux portes et, devant la troisième, le sommèrent d'ouvrir : « Nous sommes, lui cria le commissaire du Guépéou, des soldats ; nous faisons notre devoir, ne résistez pas. » — « Je suis, leur répondit-il, moi aussi, un soldat, mais celui de la Révolution. » Ils enfoncèrent la troisième porte et comme il refusait de les suivre, l'emportèrent. Le long du trajet jusqu'au train, il continua d'opposer à ses gardiens cette résistance passive qui faisait tomber tous les masques. On l'embarqua dans une petite station voisine de Moscou.

A son arrivée, les quelques personnes de la colonie russe d'Alma-Ata qu'il eut l'occasion de rencontrer, à la société cynégétique locale ou à un cercle d'études régionalistes, lui témoignèrent une vive sympathie ; la peur et les consignes du Guépéou ne tardèrent pas à faire le vide autour de lui. La population kirghize, à laquelle on le présenta comme l'ennemi des paysans, lui fut hostile.

XIII. — LES MŒURS

RICHES ET PAUVRES. — LE MARIAGE. — L'AMOUR.
LA JEUNESSE COMMUNISTE, LA MODE

UN pays fait penser à une eau profonde. Ce qui se passe à la surface ne trouble pas les profondeurs. Des vagues courent et se brisent dans la lumière ; les remous s'atténuent doucement et cessent au-dessous d'elles. Dix ans après la tempête révolutionnaire, les événements politiques, chutes et avènements de chefs, défaite d'une génération, triomphe d'un principe de gouvernement sur un autre, triomphe de certains intérêts encore mal définis, élimination de certains autres, n'exercent sur la vie quotidienne du pays qu'une influence à peu près insignifiante.

On se rend mieux compte de ce qui se passe en profondeur en observant les mœurs. Pendant que les luttes intestines mettaient aux prises, entre eux, une dizaine, peut-être, de milliers de communistes réellement actifs, dirigeants et opposants, le grand pays continuait à suivre ses chemins si difficiles à connaître.

La société soviétique présente, à l'œil de l'observateur des nuances infiniment moins marquées que la société occidentale. C'est la plus égalitaire du monde. On y trouve des sans-gîte, des sans-pain, des mendiants, des désespérés (à preuve qu'il y a chaque jour à Léninegrad et à Moscou une dizaine de suicides) mais on n'y trouve ni millionnaires, ni gros propriétaires, ni usiniers, ni grandes courtisanes. Ce qui ne veut pas dire que les éléments d'une nouvelle bourgeoisie fassent défaut. Il y a les *nepmans*, peu nombreux et qui dissimulent leur avoir quand ils ne peuvent pas dissimuler leur qualité. Il y a les techniciens et spécialistes hautement payés — entre 300 et 1.000 roubles par mois — qui forment les cadres véritables de la production et de la haute administration ; ils sont nombreux et vivent bien. Il y a enfin les fonctionnaires subalternes et les communistes occupant des postes responsables. Ces derniers ne peuvent, exception faite pour ceux qui écrivent et touchent des droits d'auteur, gagner plus de 225 roubles par mois. Ces trois couches de la population sont bien logées, bien vêtues, assurées du lendemain ; ce sont elles qui fréquentent les théâtres, les villes d'eaux, les capitales étrangères. Leur situation matérielle est assez profondément différente de celle de l'ouvrier, de l'employé et du paysan pauvre, pour qu'on puisse les considérer comme représentant une petite bourgeoisie renfermant les germes d'une bourgeoisie authentique.

Voici des chiffres curieux sur les dépôts dans les caisses d'épargne, ils montrent qui épargne. Proportion des déposants en 1926 : ouvriers 21,1 % ; paysans 6,4 % ; fonctionnaires et employés 44 % ; autres 19 %. Proportion des dépôts (sommes) même année : ouvriers 12 % ; paysans 3,6 % ; fonctionnaires 36,7 % ; autres 20 %. Remarquons que les nepmans et les spéculateurs préfèrent placer leurs fonds ailleurs qu'à la caisse d'épargne.

Peut-on s'enrichir ? Pourquoi pas ? L'accumulation d'une fortune est possible, quoique difficile. Les intellectuels achètent des objets d'art, de vieux livres, des collections. Placement de fonds avantageux car ces choses se vendent à vil prix en raison de la rareté des amateurs, de la gène ou de la misère des vendeurs et de la semi-clandestinité des opérations. Le nepman achète plutôt des brillants et des bijoux faciles à cacher. Les emprunts de l'État, les versements aux caisses d'épargne, les dépôts en banque rapportent 9 à 12 % d'intérêts par an. Un capital de 30.000 roubles placé en emprunts de l'industrialisation, rapporte au rentier soviétique près de 3.000 roubles l'an, c'est-à-dire de quoi vivre confortablement sans travailler ni payer d'impôts, ces revenus étant exemptés de l'impôt. On s'installe, enfin : mobilier, bibliothèque, le logis même, tout est bien-être et capital. J'ai vu s'installer de façon bien bourgeoise, en somme, de hauts fonctionnaires communistes, des nepmans, des médecins, des techniciens, des écrivains... Le constraste est pénible entre ces milieux sociaux et les ouvriers. La cherté du mobilier, la crise des logements et les augmentations de loyers ne permettent pas, en règle générale, aux ouvriers, d'améliorer leur intérieur.

Les émoluments des hauts fonctionnaires communistes sont peu importants ; mais ils bénéficient des magnifiques maisons de repos de Crimée et du Caucase, des transports à prix réduits, des voyages « en service commandé » à l'étranger, des autos affectées aux administrations et des nombreux avantages attachés à leurs fonctions.

Sans doute cette inégalité est-elle, pour une large part, inévitable et les travailleurs russes le savent bien. Ils consentent volontiers à rétribuer fortement le travail de l'ingénieur dont les connaissances sont précieuses à leur République. Cette inégalité des conditions ne deviendra un mal réel que si elle s'accentue et se double d'une inégalité de droits. Je ne pense pas qu'on y puisse remédier dans l'état actuel des choses, mais il faudrait s'efforcer d'assurer au travailleur, en compensation du bien-être dont il reste privé, plus de liberté réelle, plus de participation réelle à la gestion des affaires publiques ; ne serait-ce pas la seule façon de garantir une évolution vers plus d'égalité ?

Dès aujourd'hui, les ouvriers russes les plus avancés, les plus conscients, ceux qui constituent la force vive de toutes les entreprises et de toutes les institutions, acceptent volontiers de travailler dur et de faire aux techniciens des conditions d'existence qu'il ne leur est pas permis de rêver pour eux-mêmes, parce qu'ils se sentent les maîtres du pays. Ils vous disent avec fierté : « Notre usine », « notre production. » Il faut que ce sentiment s'impose à l'ensemble des travailleurs ; il faut qu'il corresponde à une réalité grandissante.

*
* *

Dans toutes les couches de la société les mœurs ont été profondément bouleversées. L'ancien régime ignorait le mariage civil, le divorce, les droits de la femme et de l'enfant ; l'avortement y était un crime. Ces piliers de la famille traditionnelle ont été abattus sans que la Russie s'en trouve plus mal. Le mariage n'est plus qu'une formalité d'enregistrement qui prend moins de cinq minutes : la déclaration des conjoints auxquels la loi reconnaît le droit de porter leurs deux noms réunis ou de choisir l'un des deux. L'union non-enregistrée a la même valeur légale et confère aux conjoints les mêmes droits. Le divorce est plus simple encore : il suffit de la demande de l'un des deux conjoints pour qu'il soit enregistré sur-le-champ. La recherche de la paternité est permise dans l'intérêt de la mère et de l'enfant. Les tribunaux peuvent, dans les cas douteux, répartir entre plusieurs personnes les charges incombant au père. L'avortement est autorisé dans des conditions déterminées par le souci de la santé publique. L'égalité des sexes est absolue en droit, réelle dans les mœurs, moins réelle dans le travail. Les droits de l'enfant, toutes les fois qu'il en est question, sont considérés en premier lieu.

Dans les grandes villes de l'U. R. S. S. les mariages et les divorces sont plus nombreux que nulle part au monde. L'amour libre est assez en faveur au sein des jeunesses communistes — comsomol — et des universités. Toute une littérature a proclamé ses droits. *Place à l'Eros ailé !* s'exclamait, il y a quelques années, Alexandra Kollontaï, vieille militante communiste, aujourd'hui ambassadrice de l'U. R. S. S. à Oslo. Des jeunes théoriciens du *comsomol* exposent encore que l'amour est un « préjugé bourgeois » déplacé dans la société communiste. Le besoin sexuel, l'hygiène, la reproduction de l'espèce, voilà ce qui compte. Il n'est pas difficile d'arriver par cette voie aux cocasseries les plus absurdes. Voulez-vous en juger ? Voici un petit échantillon des arguments échangés

dans la polémique par deux graves théoriciens.
Le premier écrit :

« L'attirance sexuelle vers un être appartenant
à une classe ennemie, malhonnête, qui ne doit
exciter en nous que dégoût, est une perversion,
de même que l'attirance sexuelle vers le crocodile ou l'orang-outang. » (A. B. Zalkind, la
Question sexuelle, Léninegrad, 1926.)

Le second répond :

« Je voudrais bien savoir ce que le camarade
Zalkind pense de Karl Marx qui passa toute sa
vie avec une femme appartenant à une autre
classe, Jenny von Westphallen, c'est-à-dire avec
un « crocodile » envers lequel il fit preuve d'une
profonde affection. » (Hippolyte, le *Droit à
l'Amour*, Moscou, 1928.)

Un jeune poète chante dans la revue du Comité
Central du Comsomol *la Jeune Garde* (n° 10)
1926, p. 46), l'industrialisation de l'amour par la
prostitution :

« Ne va pas chez la vierge — son innocence

est chargée d'une trop langoureuse tristesse —
trop de doutes assoupis gonflent sa poitrine ;
tu trouveras chez la prostituée la précision et
l'éclat d'une machine... »

« ... C'est la voix des siècles futurs — le
chant triomphal de l'industrie — annonçant
la chute des chaînes de l'amour -— brisées par le
puissant génie de la technique... »

La vieille garde du parti — Lounatcharski,
Sémachko, Soltz, quantité de bons publicistes —
réagit contre ces idées et ces mœurs. Par ailleurs
l'amour libre paraît, dit-on, décroître parmi
les jeunes. Les sectes religieuses la combattent
avec succès dans les milieux ouvriers arriérés.
Mais les jeunesses communistes et les étudiants
vivent encore dans une trop grande pauvreté
pour que l'amélioration des mœurs y soit rapide.
C'est là une des conséquences de la prolétarisa-
tion de l'enseignement supérieur et du manque
de ressources de l'État. La plupart des étudiants
sont de jeunes ouvriers, de jeunes paysans,
auquel l'État alloue des bourses d'études forcément minimes. Ils vivent de 30 à 40 roubles par
mois, dans des maisons communes où l'on
manque souvent du confort le plus élémentaire.

Il en est qui font, dans les ports et les usines, des demi-journées d'homme de peine, avant d'aller aux cours. La plupart étudient héroïquement, quelques-uns se démoralisent et c'est naturel. Les maladies morales doivent trouver parmi ces jeunes gens des proies nombreuses. On m'a raconté que le suicide du poète Essénine provoqua, il y a quelques années, à l'École des Arts techniques de Moscou *(Vkhoutemass)*, une épidémie de suicides.

Il n'en est pas moins vrai que l'U. R. S. S. produit sur le visiteur occidental l'impression d'un pays de mœurs saines, où le dévergondage des grandes villes du plaisir est inconnu, où le travail, l'étude, la lutte tiennent vraiment la première place dans la vie de l'homme. Les unions durables n'y sont certainement pas moins nombreuses qu'ailleurs ; les familles à la fois unies et libres y sont communes ; on rencontre en grand nombre, parmi les communistes, de beaux couples, l'homme et la femme absorbés par la même tâche sociale, unis par une même conception de la vie.

*
**

Chez ceux qui jouissent d'un certain bien-
être, la tendance à suivre les modes occidentales
est générale. L'ingénieur ou le fonctionnaire
communiste envoyé, pour affaire, à l'étranger,
en rapporte immanquablement des vêtements
coupés suivant la dernière mode et des bas de
soie pour sa femme. Les théâtres sont parfois
pleins d'un public que l'on ne distinguerait
pas, à première vue, de celui d'une repré-
sentation à Berlin. Ne faut-il pas déplorer ce
défaut d'originalité ? Pourquoi les travailleurs
russes, attelés à leur œuvre de transformation
sociale, ne tentent-ils pas de créer dans le
vêtement la tenue individuelle, l'allure de la
femme, une élégance nouvelle qui serait bien la
leur, plus simple, plus rationnelle, moins fai-
sandée — plus belle et plus pure pour ces raisons — que celle de nos pays d'Occident, opu-
lents et déséquilibrés ?

XIV. — LE DÉVELOPPEMENT INTELLECTUEL DE L'U. R. S. S. ET DU COMMUNISME

DOGMATISME ET STÉRILITÉ
L'ENSEIGNEMENT. — LA RELIGION

IL y a un problème du développement intellectuel de l'U. R. S. S. — et du communisme — que personne n'a encore posé et qu'on ne peut d'ailleurs pas poser isolément. Je m'entretenais dernièrement avec un camarade russe, de choses politiques. Il tenait sur ses genoux une charmante enfant de sept ans. « Lénine, dis-je, s'est trompé en cette circonstance... » L'enfant leva sur moi des yeux stupéfaits et dit gravement : « Lénine ne s'est jamais trompé. » Si je l'avais interrogée, cette brave petite gòsseline qui fréquente un des bons jardins d'enfants de la ville eût certainement ajouté que Trotski, lui, s'est toujours trompé. Ainsi se rétablit dans les esprits le vieux dualisme du bien et du mal, du possesseur infaillible de la vérité et de l'hérésiarque à brûler. Mais je ne vous cite ce mot d'une enfant que pour indiquer le danger que présente, au point de vue de la formation de la jeune génération soviétique, la canonisation d'un Lénine génial, infaillible, écrasant, qui fit seul la révolution d'octobre (rien n'est plus faux), dont aucune parole ne peut être mise en doute, qu'il suffit de bien citer pour avoir raison, et dont l'interprétation est, au surplus, rigoureusement réservée aux dirigeants du parti. Tout l'enseignement de l'État, toute la propagande du parti, toute la doctrine répandue par la presse se fondent sur cette doctrine officielle, dont on a pu suivre au cours des dernières années les déformations utilitaires, parfois surprenantes. Les revues de cinéma, de sport, des cheminots, des joueurs d'échecs, des jeunes mères, des tribunaux, publient maintes fois l'an des portraits de Lénine accompagnés d'articles *ad hoc*. Il y a là une façon d'éliminer les vivants pour laisser toute la place au mort qui convient sans doute à une bureaucratie plus experte dans l'art de commenter des textes que dans la recherche intellectuelle, mais qui constitue un danger certain.

En voici la preuve. Au début de la révolution, il y a une douzaines d'années, le bolchévisme était représenté dans l'ordre intellectuel par une admirable pléiade de publicistes, de pamphlétaires, de théoriciens, de savants, de grands agitateurs. C'est à eux qu'il dut, en grande partie, son étonnante force d'expansion. Depuis, cette pléiade n'a fait que se rétrécir. Lénine est mort. Trotski exilé. Radek, le plus pénétrant des politiques, le plus mordant des publicistes, exilé. Préobrajenski, Smilga, Vladimir Smirnov, économistes de talent, qui ont fait leurs preuves, exilés. Des théoriciens de la première heure, un seul survit, libre bien que silencieux en ce moment (et je crois, passablement menacé à son tour d'ostracisme) : Boukharine (1). Un théoricien pour ce pays, pour ce mouvement, pour cette révolution dans sa 12e année ! (Car les autres chefs actuels du parti sont plutôt des gouvernants.) Depuis des années, il n'est

(1) Au moment où paraît ce livre, Boukharine, éliminé de tous les postes importants qu'il occupait, est ouvertement menacé d'exclusion et sommé d'abjurer ses « erreurs ». Il sera exclu, à moins de faire acte de contrition.

pas paru dans l'U. R. S. S., parmi le flot des publications marxistes, d'un niveau intellectuel souvent au-dessous de toute critique sérieuse, un seul ouvrage communiste marquant, intéressant, original, signé d'un nom nouveau (ou même d'un nom ancien !) Les ouvrages de troisième zone sont légion, c'est entendu : mais ici la quantité ne compense pas le défaut de qualité. Pas un nouveau théoricien ! Pas un livre ! Pas un nom de jeune !

Même crise dans le journalisme. On a remplacé à la *Pravda* le vieux bolchévik Sosnovski exilé à Narym par un vieux journaliste bourgeois rallié, Zasslavski, qui en 1917 traitait Lénine d'agent de l'Allemagne...

Remarquons qu'il en est de même dans l'Internationale Communiste où pas un jeune théoricien, pas un jeune polémiste ne s'est formé, à l'exception des exclus parfois très vigoureux. Le grand mouvement d'idées né de la révolution d'Octobre serait-il stérile ?

Non. Les jeunes talents — et il en est de première force — ne manquent ni dans l'U. R. S. S., ni au communisme international mais l'orthodoxie officielle et le système bureaucratique, qui font l'impossible pour étouffer, réduire au silence les vieux soldats les plus grands de la révolution, ne permettent pas, à plus forte raison, aux jeunes de se manifester. Tout ouvrage d'un communiste passe par toute une série de censures ombrageuses, avant d'arriver à l'imprimerie ; publié, son sort dépend des circonstances et du civisme de l'auteur. Si, par hasard, celui-ci n'est pas bien « dans la ligne », tant pis pour lui, tant pis pour ses livres (tant pis aussi pour le public si les livres sont bons). On les ignorera, on les boycottera, en les retirera de la circulation.

La science même est atteinte. Impossible de traiter honnêtement de l'histoire de la révolution. Ioffé, dans la dernière lettre qu'il écrivit avant de se brûler la cervelle, disait qu'il avait renoncé à écrire ses mémoires, pour ne pas déformer l'histoire au gré du Comité central actuel. On publie des manuels d'histoire de l'Armée Rouge, où le nom de Trotski n'est mentionné qu'une fois en 200 pages. Le socialisme n'est-il pas essentiellement international ? En conçoit-on la réalisation dans un seul pays, isolé, la réalisation *nationale* ? Défense absolue de traiter ce problème purement théorique, scientifique, tranché par des décisions de Congrès. Que fut la révolution chinoise ? Nul mieux que les Russes ne le sait en Europe ; mais le livre de Radek sur l'histoire et la formation sociale de la Chine, fruit de plusieurs années de travail, n'a pas été publié ; on n'a publié sur la révolution chinoise que des ouvrages présentant les thèses officielles...

Quelle est l'interdépendance réelle entre le monde capitaliste et l'U. R. S. S. ? Défense absolue de traiter ce problème d'économie politique dont l'importance est pourtant capitale. Quelles voies suit le développement économique, social, intellectuel, religieux — car la religion existe ici — de l'U. R. S. S. ? Défense de traiter ces questions autrement que pour développer, paraphraser les résolutions récentes des conférences et des congrès du parti et les discours des deux ou trois orateurs officiels du parti. Vous pouvez écrire, on ne vous imprimera pas.. Et si par mégarde on vous imprimait, ce serait tant pis pour vous.

La stérilité intellectuelle qui en résulte est aussi effrayante que le foisonnement du papier imprimé dépourvu de toute valeur spirituelle... La jeune génération de l'U. R. S. S., avide de savoir comme nulle autre au monde, se nourrit d'un marxisme forcément étriqué, appauvri, simplifié qui repousse Rosa Luxembourg, Trotski, Henriette Roland Holst et condamne les yeux fermés tout ce qui lui est étranger. Elle ignore tout des doctrines philosophiques les plus répandues en Europe et en Amérique, des idéalistes, des mystiques. Elle croit parfois les comprendre sans les connaître. Le jour où elle les découvrira, ne sera-t-elle pas désarmée devant leurs souples dialectiques et prompte à subir la séduction d'un charme nouveau ? La monotonie et l'unilatéralité de l'enseignement soviétique préparent certainement à l'U. R. S. S. et au prolétariat de graves mécomptes.

C'est l'intelligence révolutionnaire qui souffre le plus de cet état de choses, mais le mal a encore une autre face. On assiste dans toutes les universités, dans toutes les revues, dans tous les milieux, au camouflage communiste d'autres intellectuels, d'origine bourgeoise et petite-bourgeoise, souvent très hostiles au régime dans le fond de leur âme. Ils apprennent le vocabulaire marxiste, s'adaptent aux nécessités politiques du jour avec beaucoup plus de souplesse que de vrais communistes, s'installent, prévalent, mais rien n'est plus équivoque, plus indigent que le contenu de leur orthodoxie. Ils se l'adaptent pour le moins autant qu'ils s'y adaptent. C'est pourquoi il faudrait crier aux révolutionnaires de l'U. R. S. S:

« Toutes les révolutions du passé ont commencé par de grands mouvements d'idées, que la formation des églises, avec leurs dogmes et leurs pontifes, n'a jamais manqué de transformer en obstacles au progrès... Plus que quiconque vous avez besoin, pour mener à bien votre tâche de pionniers et d'édificateurs du socialisme, d'une pensée vivante, agissante, critique, sans cesse en éveil. Défiez-vous des formules, des rites, des dogmes, des canonisations et des excommunications : c'est le vieil attirail des vieilles églises, ce n'est pas l'arsenal du prolétariat en marche. Apprenez à discuter au lieu de vous mitrailler à coups de textes de résolutions, et de mandats d'arrêts ! Ne craignez pas la variété, la liberté, l'innovation dans l'expression de *vos* aspirations ! Ne craignez pas tant l'hérésie mais craignez davantage la stérilité et le conformisme hypocrite ! Travailleurs, ne rendez aucune liberté à vos ennemis de classe, mais reprenez vous-mêmes, entre vous, dans votre parti selon ses statuts, dans votre pays selon sa constitution soviétique, le droit de penser, de parler, de lire et d'écrire... Il vous arrivera de vous tromper, il y aura du déchet, bien sûr, mais ces maux seront moins grands que ceux de la crise présente. Ne dites pas que c'est chimérique. Est-ce à un étranger de vous rappeler que du vivant de Lénine, en pleine guerre civile, les menchéviks, les maximalistes, les anarchistes, les socialistes-révolutionnaires de gauche participaient à vos assemblées délibérantes et publiaient des journaux et des revues ? C'était le temps où vos victoires étonnaient le monde. »»

Ces réflexions s'imposent d'autant plus à mon esprit que la Russie nouvelle est encore à pied-d'œuvre dans le domaine de la vie spirituelle. L'enseignement est loin d'être au point, loin de s'étendre à toute la population.

A Moscou même, on comptait l'année dernière 54.000 illettrés (6,1 % de la population, entre 16 et 34 ans). Dans les environs de Moscou, cette proportion s'élève à 10 % environ. Dans les campagnes un peu écartées de la Russie centrale, elle atteint encore 40 % (1).

(1) Ces chiffres officiels ont été tout récemment reconnus officiellement comme très au-dessous de la réalité. Les *Isvestia* du 11 juillet 1929 avouent maintenant que 60,4 % de la population dans l'ensemble est illettrée.

On ne bâtit pas assez de nouvelles écoles, faute d'argent. Les 9/10 des écoles de Moscou travaillent par relèves successives. Un certain nombre d'écoles ont chaque jour trois relèves dans les mêmes classes. J'emprunte ces chiffres à un rapport du camarade Alexinski, directeur de l'enseignement à Moscou, rapport présenté le 2 juin dernier au Comité du Parti. Alexinski concluait que si l'on ne construisait pas d'urgence de nouvelles écoles pour près de 20 millions de roubles à Moscou et dans la région moscovite, il faudrait dans peu d'années refuser l'enseignement primaire à des centaines de milliers d'enfants. Il produisait encore ces chiffres : il y a à Moscou, pour 10.000 habitants, 1, 5 école, 0,8 club, 0,3 bibliothèque, 0,1 théâtre, 0,2 cinéma, 1,6 église et près de 4 établissements vendant des boissons alcooliques. (*Vetchernaïa Moskva*, 2 juin 1928).

Sitôt qu'on s'éloigne des centres, la démoralisation bureaucratique se fait cruellement sentir dans les écoles. Je n'en citerai qu'un indice. Le *Troud*, organe du Comité Central des Syndicats, publiait le 29 décembre 1928 un article sur les persécutions dont les institutrices « en qualité de femmes » sont l'objet de la part des autorités locales. En un an, les journaux ont publié 30 informations de ce genre. Il y a eu toute une série de suicides d'institutrices. « Il faut en finir ! » s'exclame le *Troud*, avec raison. Mais le mal est plus profond qu'on ne le croit : c'est l'impuissance de la travailleuse, en présence des odieuses petites tyrannies locales, dont les progrès de la démocratie ouvrière peuvent seuls la délivrer.

Ni la religion, ni la superstition ne sont d'autre part vaincues. La lutte continue. Combien elle est difficile, les données que voici en donneront une idée :

Onze publications religieuses paraissent en Ukraine où il n'y en avait que six en 1926. Tirage total 33.000 exemplaires, ce qui n'est pas mal, dit la *Pravda* du 10 avril 1928, si l'on précise que la revue ukrainienne l'*Athée* ne tire que 6.000 exemplaires. Le tirage des livres de prières, calendriers, feuilles volantes religieuses, atteint en Ukraine 4.000.000 d'exemplaires par an.

Il n'en est pas autrement dans le reste de l'U. R. S. S. Les sectes foisonnent.

Le prédicateur Tchourikov prêche aux environs de Léninegrad sous un portrait de Lénine.

Sa secte, de création récente, combat l'ivrognerie et l'amour libre, ce qui l'a fait bien accueillir des travailleurs.

Je parcourais dernièrement le *Moniteur du Saint-Synode*, revue mensuelle fort bien présentée. Il contenait des thèses — et le texte d'une prière — du Saint-Synode orthodoxe, à l'occasion du XIᵉ anniversaire de la révolution d'Octobre ! L'Église s'adapte.

De façon générale, la jeunesse la considère sans hostilité. Un courant mystique s'y fait sentir. La foi est une des dernières formes légales. reconnues, de la résistance à l'esprit communiste.

Chaque grande fête religieuse est une manifestation plus significative qu'une manifestation politique. J'ai vu, à Léninegrad, un dimanche matin, l'église du *Sauveur sur le Sang* (bâtie à l'endroit même où tomba, en 1881, le Tsar Alexandre II, déchiqueté par les bombes des terroristes) bondée de monde. On y jette encore des fleurs sur le pavé autrefois rougi par un sang auguste...

Je pensais, en sortant de là entre deux haies de mendiants aux regards sournois :

— Oui, le parti ouvrier qui mène l'U. R. S. S.

vers l'avenir, a besoin de toutes ses ressources intellectuelles. Pour vaincre tant de ténèbres si tenaces, vous avez besoin, frères de Russie, de la flamme la plus vivante, la plus haute, d'une flamme sans cesse renouvelée...

XV. — ÉCRIVAINS SOVIÉTIQUES

LES VIEUX.— LA GÉNÉRATION RÉVOLUTIONNAIRE
LITTÉRATURE PROLÉTARIENNE

L'U. R. S. S. a deux générations et trois sortes d'écrivains. La génération antérieure à la révolution est représentée par quelques hommes, quelques maîtres, de moins en moins connus du grand public, mais appréciés de leurs cadets venus à la littérature après la nep, quand on put songer en Russie à autre chose qu'aux pommes de terre du lendemain et au salut public. Entre ces deux générations, les sympathies semblent vivaces ; mais un fossé demeure, que rien ne semble pouvoir combler. Les vieux maîtres, dont les frères appartiennent pour la plupart à l'émigration blanche, ont accepté la révolution comme on subit un cataclysme, avec stoïcisme, avec résignation, avec bonne volonté devant une destinée jugée inique. Je ne connais pas les réactionnaires. Ils habitent Paris, Prague, Berlin, leurs manifestations antisoviétiques ont été assez bruyamment intempestives pour que le voyageur qui revient de l'U. R. S. S. ne puisse avoir à leur égard la moindre indulgence. Les idéalistes hostiles à toute réaction, les Veressaïev, les André Biély, les Novikov donnent encore, chaque jour, le meilleur d'eux-mêmes aux lettres de leur pays. J'ai rencontré l'un d'eux, un homme grisonnant, au sourire plein de bonté et de finesse. Grâce à lui, j'ai compris ces hommes qui vivent absorbés par la haute précoccupation d'une révolution spirituelle qui ferait l'homme plus humain et ne se trouvent point de place sur les champs de bataille de la guerre sociale. Ce sage grisonnant, au regard si jeune, soutenait, à notre table d'amis, qu'un criminel qui, au moment d'abaisser son couteau, lirait quatre simples vers de Pouchkine :

« Tatiana aimait l'hiver russe et ses neiges... » ne pourrait plus commettre son crime. Je pensais, en vous écoutant, Ivan Alexéiévitch, ami que je comprends si bien :

— Non ! la misère qui rougit les couteaux ne s'arrête pas devant la merveille de l'art. Elle ne sait pas lire. Elle monte du fond de la bar-

barie sociale. Ma cruelle sagesse de vieux vagabond m'a appris à comprendre qu'elle soit
capable d'allumer les bibliothèques et de frapper
des poètes... Et ce n'est pas sa faute.

Les écrivains de la génération suivante n'ont
pas ces illusions sur la nature humaine, connaissent le mécanisme des brownings, l'art de voyager
sur les tenders des wagons, l'art d'amadouer les
bandits quand on a la malchance, banale en
temps de révolution, de tomber entre leurs mains,
l'art de faire la chasse aux poux et de guérir les
maladies contagieuses... Ces hommes ont eu
leurs dix-huit ans pendant la guerre et leurs
vingt ans pendant la terreur. Ils parlent de la
famine, de la mort, des exécutions sommaires,
des invasions, de Lénine, de Trotski, des blancs,
des mongols, de la barbarie la plus authentique,
de la foi révolutionnaire la plus ardente, de la
culture la plus raffinée, avec une simplicité un
peu déconcertante. La destinée les a jetés à
l'heure où leurs yeux s'ouvraient sur la vie au
carrefour de l'Europe et de l'Asie, de la réaction
et de la révolution, de la sauvagerie et de la
civilisation. Avidement, ils ont tout accepté,
absorbé, puis exprimé. Mais voilà ! ils ne sont
pas devenus communistes. « C'est notre révo-

lution, disent-ils, notre pays soviétique, notre Russie nouvelle dont les racines plongent dans l'ancienne Russie. A vingt lieues de Moscou, capitale socialiste, on retrouve la vieille Russie du xviiie siècle ; à cent lieues, on tombe au milieu du xiiie siècle... » Ainsi s'exprime Boris Pilniak, qui est l'un des plus représentatifs des écrivains du lendemain de la révolution. Vsevolod Ivanov, Lydia Seyfoulina, Babel, Constantin Fédine, Nicolas Nikitine, les poètes Pasternak, Tikhonov, Selvinski, ont débuté avec éclat, il y a quelques années. On dit, parfois, qu'ils continuent moins bien. « Nous n'avons pas été économes, me disait encore Pilniak en souriant. Nous avons jeté toute notre expérience, toute notre fougue dans nos premières œuvres. Il n'est pas prudent pour des écrivains d'émettre de pareils chèques sur l'avenir... »

Pourquoi ne sont-ils pas communistes, en dépit de leur attachement au régime ? La rigueur de la doctrine les effraie un peu quand elle ne les amuse pas. Pouchkine, Dostoïevski, Tolstoï tiennent trop de place dans leurs esprits, pour que Marx et Lénine puissent s'y marier avec les mœurs de la Russie d'hier et d'aujourd'hui. Ils voient, avec des yeux trop aigus, l'écart entre les formules et les faits. Ceux avec lesquels je me suis senti en sympathie croient, à leur façon, au socialisme, et rêvent de contribuer à créer la vraie légende de la révolution. Mais ce ne sont pas des hommes politiques. « Notre affaire, me disait l'un d'eux, est d'écrire de bons livres. C'est ainsi que nous servirons le mieux le pays. Qui se souvient des hommes politiques du temps où Tolstoï écrivait *Guerre et Paix* ? Ils sont passés, Tolstoï est resté. Qui a le mieux servi la Russie ? »

Ces écrivains forment ce qu'on appelle la droite de la littérature soviétique, dont les écrivains dits prolétariens forment la gauche, hélas ! autorisée.

Si j'avais un faible pour les statistiques, je ne manquerais pas de donner le nombre exact de ces derniers, car ils sont dans l'U. R. S. S. quelques milliers ; beaucoup plus nombreux que leurs rivaux ; mais aussi beaucoup moins lus, moins cotés, moins nombreux, dès qu'il s'agit de repérer les talents et les œuvres. La littérature reconnue prolétarienne a tout au plus produit, depuis sa naissance, une dizaine de livres remarquables. Le premier venu vous les énumère sans omissions. Ce sont : *Le Ciment*, de Fédor Gladkov ; *la Semaine*, de Lebedinski ; *le Torrent de fer*, de Sérafimovitch ; *la Débâcle*, de Fadéev ; *la Faim*, de Semionov, tous ouvrages empreints du grand romantisme des années cruelles, auxquelles on ajoute aujourd'hui un roman massif de Panferov sur les paysans. Aucun des auteurs que je viens de nommer n'a réellement grandi au cours des dernières années. La littérature prolétarienne ne s'est enrichie ni en hommes, ni en œuvres, bien qu'un flot abondant de livres d'auteurs prolétariens ait été déversé par le *Gosizdat* sur le pays. Il y a là une double stérilité : l'écrivain prolétarien paraît en ce moment piétiner sur place ; la littérature prolétarienne, dans son ensemble, piétine également sur place. Il n'en serait autrement que si la littérature prolétarienne s'enrichissait chaque année de quelques livres et de quelques noms dignes d'être connus, tout au moins, dans l'U. R. S. S. Tel n'est pas le cas. A l'exception de Panferov, encore contesté, tous les noms que j'ai cités sont déjà vieux.

Rien de plus obscur, du reste, que l'idée même d'une littérature prolétarienne. Gorki est-il ou non un écrivain prolétarien ? Cette simple question vous vaudra dans l'U. R. S. S. les réponses les plus passionnément contradictoires. Plusieurs définitions, qui doivent être incompatibles, puisqu'elles prêtent encore à de vives discussions, ont été données de la littérature prolétarienne. Celle du sens commun me tente le plus : une littérature prolétarienne serait une littérature pénétrée de l'esprit des ouvriers révolutionnaires. Ne me demandez pas de définir cet esprit. Le terme est assez clair, encore que vague. Par malheur le problème est doctrinal. Les jeunes écrivains communistes de l'U. R. S. S. m'ont paru plus entravés qu'affermis par la doctrine. Un constant souci d'orthodoxie les tourmente implacablement. Le plaisir de laisser vivre dans un roman des êtres de chair, de passion et d'esprit, pétris de contradictions, illogiques, bons et mauvais à la fois, comme tous les hommes, leur est à peu près interdit. Leurs personnages semblent devoir être conçus selon des règles impératives. En voulez-vous la preuve ? Ces règles s'étendent au cinéma. Le même film m'a été recommandé par les uns — des gens de goût — comme excellent, et par les autres — des théoriciens de l'art prolétarien — comme détestable. Il s'agit de l'*Aigle blanc*, dans lequel Meyerhold a créé, avec un art puissant, le rôle d'un grand dignitaire. Un des principaux personnages du drame est un gouverneur de ville provinciale sous l'ancien régime russe ; bon père et bon époux, brave homme après tout, que sa fonction oblige un jour à faire tirer sur des ouvriers et dont s'empare alors le remords. Rien que de vrai dans ce personnage ; et cette démonstration de l'impuissance d'un honnête fonctionnaire dominé par sa fonction, ne manque pas, à mon sens, d'une véritable portée révolutionnaire. Tel n'a pas été l'avis des critiques prolétariens. Ils eussent voulu un soudard incapable de remords. On reproche de même au dramaturge Boulgakov d'avoir présenté, dans une pièce jouée à Moscou, des officiers blancs comme des ennemis de bonne foi...

L'insurmontable difficulté de créer selon des règles, à des fins de propagande, m'est tragiquement apparue au théâtre Meyerhold, par le contraste de trois pièces jouées à quelques jours de distance. Meyerhold a fait du *Réviseur* de Gogol un chef-d'œuvre vivant. Encore sous l'impression qu'il m'avait faite, j'allai voir sur la même scène une pièce du répertoire révolutionnaire, créée à l'occasion d'un congrès de l'Internationale communiste : *D. E. (Donnez-*

nous l'Europe !) Contraste désolant. Où j'avais eu le sentiment d'atteindre le sommet de l'art dramatique, je ne retrouvai plus, avec les mêmes artistes et la même ingéniosité créatrice, qu'une médiocre pièce, à thèse grossièrement bouffonne par instants. J'en vis une autre, plus tard, infiniment meilleure, franchement réussie — *Hurle, Chine !* — sans retrouver le charme inégalable de la grande satire de Gogol.

L'art prolétarien, jouissant de la protection officielle, recueille les non-valeurs, que leur penchant naturel porte à rechercher les faveurs du pouvoir. Le jeune arriviste, désireux de faire une carrière d'homme de lettres soviétique, prend le chemin le plus court, surtout si sa médiocrité ne lui permet pas de se jeter dans la mêlée avec des chances réelles de succès ; il chante le *comsomol*, les cheminées d'usine, la « discipline de fer » du parti, non sans mêler aux attributs de l'orthodoxie marxiste un peu de naturalisme érotique. Je ne crois pas que cette littérature, dans ses bornes et ses mœurs actuelles — qui sont parfois tristes — ait grand avenir (1).

(1) Affaire Altschüller, jugée à Moscou, il y a un an : trois jeunes écrivains à physionomies d'arrivistes médiocres, au cours d'une noce crapuleuse, font vio-

La littérature russe évoluera avec le pays et non comme l'entendent certains magisters férus de thèses. Son sort est lié à celui de la République des Soviets. Plus le prolétariat russe sera puissant, libre, cultivé et plus son influence s'imposera aux lettres, par la force des choses, sans qu'il soit besoin de pression administrative. Mais si la situation des travailleurs russes demeure moins bonne que celle des autres classes cultivées — plus cultivées à la vérité — ni les exigences du *Gosizdat*, ni les « directives » des bureaux du parti communiste, ne pourront insuffler à l'art prolétarien plus qu'une vie précaire et factice.

Les écrivains non-prolétariens, entend-on souvent dire, évitent avec une obstination blâmable de brosser les grands tableaux de la vie sociale dont la littérature soviétique aurait besoin pour *exprimer et seconder à sa manière* le labeur des multitudes. Ils s'adonnent trop volontiers aux études de psychologie. Ils traitent du drame intime. Ils écrivent des romans historiques. Ces

lencé à la maîtresse de l'un deux, jeune communisté dévoyé par la bohème littéraire. Elle se suicide le lendemain. Les détails sont odieux. Le cas n'est pas exceptionnel.

reproches m'ont paru justes. Sont-ils évitables ?
Je me le demande encore avec une certaine
angoisse. Je ne vois pas bien l'écrivain soviétique
abordant avec une ampleur et une puissance
dont je le sais bien capable, le grand roman natu-
raliste du lendemain de la Révolution, qui pourrait être un document humain de tout premier
ordre. Zola put mettre en scène dans son *Paris*,
le gouvernement, la presse, la finance, la littérature, la rue de son temps, L'écrivain soviétique,
même arrivé à la foi communiste la plus
sincère, pourrait-il en faire autant ? Les chefs
du gouvernement sont en fait inamovibles ; on
risquerait, en esquissant leurs portraits, de
tomber dans le roman à clé (1). Toléreraient-ils
d'être portraicturés par des romanciers ? Le
portrait exact serait gênant et contestable.
Déformé par la création littéraire, il ne pourrait
que paraître adulateur ou critique. La presse est
officielle. Les dirigeants de l'Université sont

(1) L'écrivain communiste Vassiltchenko, ayant
publié un roman *(De l'autre côté)* sur la vie du parti,
les discussions, l'opposition, est lui-même exclu du
parti — bien que son livre soit « dans la ligne » —
pour y avoir fait des portraits trop ressemblants (ou
pas assez ressemblants) des chefs du parti. Le livre
est retiré de la circulation.

officiels. Les moindres dirigeants des usines et des administrations incarnent prestige et puissance, le parti de la dictature. Si j'étais un écrivain soviétique, je n'entreprendrais pas volontiers de dépeindre tant de puissants, petits et grands. Je préférerais peut-être, moi aussi, choisir des genres littéraires moins épineux que le grand roman social.

XVI. — LA TRAGÉDIE DE GORKI

LA tragédie de Gorki n'est pas encore connue en Occident. Le plus populaire des écrivains russes, l'un des plus grands écrivains européens, l'ancien vagabond de la Volga, le poète des *bas-fonds* de la vie russe, rentré pour quelques mois dans l'U. R. S. S. en 1928 et accueilli avec des transports de joie, en est reparti sacré « gloire officielle », ne laissant derrière lui qu'une gêne confuse ou précise, selon les milieux. Les intellectuels soviétiques ne parlent de lui qu'avec une peine (ou une ironie) non dissimulée ; les militants du parti sourient et haussent les épaules. J'ai entendu des ouvriers de Moscou le surnommer — lui, qui voulut être *l'Amer* (« Gorki »), *Sladki*, le doux, le sucré, celui qui voit les choses en rose. Ses œuvres se vendent très mal, par contraste avec celles de Tolstoï qui constituent le plus grand succès actuel de la librairie de l'État. Nulle preuve de la désaffection du public n'est plus frappante, en dépit du battage officiel.

On connaît, on aime le grand Gorki qui garda toujours son franc-parler, se trompa sans doute souvent, mais n'encourut jamais le reproche de ne pas voir la réalité en face. Ce courage amer, qui a nom réalisme, ne lui manqua jamais. On n'a pas oublié qu'après avoir blâmé en termes implacables les auteurs de l'insurrection d'Octobre, après avoir été jusqu'à la fin de 1918 un adversaire irréductible des bolchéviks, il se rallia, presque seul d'entre tous les écrivains russes, à la révolution prolétarienne, aux heures noires de la famine, de la guerre civile et du blocus. On n'a pas oublié que, rallié, il garda tenacement — jusqu'à exaspérer parfois Lénine et Trotski — son indépendance d'esprit et de parole ; qu'il se fit pendant la terreur rouge le protecteur inlassable des intellectuels — universitaires, savants, littérateurs, libéraux éclairés de toutes sortes — hostiles au régime et malmenés par la *Tchéka*. Ses interventions incessantes auprès des Commissaires du Peuple, sa désapprobation catégorique de certaines mesures révolutionnaires — par exemple celles que l'on dut prendre contre le haut clergé orthodoxe qui entourait le patriarche

Tikhon — lui valurent en 1921, de la part de Lénine qui le connaissait bien et l'aimait, une invitation très précise à prendre l'air de l'étranger, afin de rétablir une santé certainement ébranlée. Il partit. Il se réfugia à Sorrente, au milieu du plus pur azur méditerranéen. Des fenêtres, inondées de soleil, de sa villa, il vit les prouesses du fascisme. Il connut que le sang du prolétariat vaincu coula davantage encore que celui du prolétariat vainqueur. Il rendit pourtant « justice » (à en croire les journaux italiens de 1927) à « l'œuvre de Mussolini ».

Du fond de son exil, il gardait un contact très vivant avec les écrivains soviétiques. Quand, en 1922, les leaders socialistes-révolutionnaires, qui avaient fomenté la contre-révolution et appelé l'intervention étrangère dans leur pays, comparurent devant le tribunal révolutionnaire de Moscou, Gorki sortit de son silence pour demander qu'ils eussent la vie sauve. C'était braver l'opinion révolutionnaire encore portée alors aux jugements implacables et qui n'aime pas les apôtres de la clémence.

Il écrivait. Chose curieuse, ses grandes œuvres récentes : *L'Entreprise Artamonov*, *la Vie de Klime Samguine*, traitent exclusivement du passé, de la Russie pré-révolutionnaire, de la révolution de 1905. Comme s'il s'arrêtait interdit au seuil de la Russie soviétique, dont il connaît pourtant bien les mœurs et les hommes. N'y a-t-il pas là une sorte de réticence, une retraite devant la réalité du bouleversement social que l'artiste — l'Amer — n'ose pas dépeindre, telle que son tempérament la voit au travers de sa pensée d'éternel protestataire ?

Annoncé, attendu, fêté à l'avance, Maxime Gorki arriva à Moscou au printemps de 1928, à la veille de son 60e anniversaire. Jamais, jamais écrivain rentrant dans son pays ne fut ainsi reçu. Tout le long du trajet de la frontière à Moscou, des députations, drapeaux et bannières en tête, l'avaient acclamé au passage. Le vieil homme aux dures mâchoires grises s'essuyait les yeux, saluait, serrait des mains. A Moscou une foule immense, contenue par des barrages de milice et de troupes, attendait devant la gare. Des députations des usines, des clubs ouvriers, du parti, toutes organisées, disciplinées, se pressaient innombrables, dans un ordre rigoureux. Sur le perron, les plus hautes autorités du parti, du gouvernement, de l'armée, attendaient encadrées de militaires à belle pres-

tance, portant les parements verts du Guépéou.
Fleurs, drapeaux, pancartes, souhaits de bien-
venue, orchestre, tonnerre d'acclamations, éclat
des cuivres, *Internationale.* Dans tout ce tohu-
bohu, Gorki embrassé, étouffé, porté en triomphe, ne fit qu'entrevoir les deux ou trois douzaines d'écrivains qui avaient reçu par faveur
des laisser-passer et qui, seuls pourtant, avaient
été de ses proches. Ils comprirent tout de suite
que Gorki leur était ravi, arraché, et s'en allait
désormais vers une destinée différente de la
leur. Gorki pleurait. On le filma, juché sur une
auto, embrassant Boukharine, embrassant le
directeur de la Librairie de l'État, Khalatov,
embrassant, encore étourdi par les ovations et
par les fanfares, d'autres personnages officiels.
S'aperçut-il seulement qu'il fallait dès cet instant, pour l'approcher, pour lui serrer la main,
simplement pour le voir, des coupe-file d'une
obtention malaisée et qu'il était en somme le
captif des sommités soviétiques ? Les banquets,
les réceptions, les visites d'usines, de clubs,
d'institutions, se suivirent, selon le rite officiel :
discours, drapeaux, musique. La Librairie de
l'État passait cependant avec le grand écrivain,
à des conditions exceptionnelles, un contrat de

réédition de ses *Œuvres complètes*. Les réjouis-
sances ébranlèrent la santé du vieil homme qui
pensa se réfugier incognito dans une modeste
villa des environs de Moscou. Le gros Démian
Biedny, le joyeux versificateur de la *Pravda*,
l'homme le plus incompatible avec l'Amer au
visage ravagé, à la silhouette ascétique, enva-
hissait dès le lendemain — ou le surlendemain —
ce refuge. Gorki visita le midi, la Volga, Nijni-
Novgorod où s'écoula une partie de sa jeunesse
de gueux errant — et où les festivités et les
visites officielles prirent tout son temps —
Léninegrad où il en fut de même et où les écrivains, ses vieux amis, lui envoyèrent — comme
à un grand personnage étranger — une dépu-
tation...

Il s'émerveillait des vieilles et des nouvelles
usines, des écoles, des clubs, des organisations
de correspondants ouvriers de la presse, pro-
nonçait des harangues les yeux mouillés, ne
cessait de répéter que l'on avait fait, que l'on
faisait de grandes choses, de grandes choses,
que c'était à la société nouvelle un commen-
cement splendide. La Russie, l'U. R. S. S.
écoutait entière.

La première harangue de ce genre parut de

rigueur. La seconde parut superflue. A la tren-
tième, on se demanda : — Mais il ne voit donc
rien ? Mais il ne comprend donc pas que la vie
simple et réelle est tout autre chose que ce que
l'on voit en qualité de grand visiteur officiel ?

Il annonçait le lancement d'une revue : *Nos
succès*. Les lettres interrogatrices, puis mécon-
tentes, voire méchantes, affluèrent sur la table
de son secrétaire. Désormais ses harangues
commencèrent par un autre cliché : « Croyez
citoyens, que je vois aussi le mal, mais... »
On ne croyait plus. La parole vivante, qu'on
attendait de lui dans ce pays où le corps à corps
du meilleur et du pire se poursuit partout, ne
vint pas. Il vit tout en rose et bleu azur. Dieu
sait s'il y a pourtant d'autres couleurs ! Son
départ ne laissa aucun vide.

A quel moment était-il venu se faire prendre à
l'enivrement des réceptions triomphales ? Au
moment où le pays entrait dans la terrible crise
des blés qui multiplie dans les campagnes les
incendies et les crimes, dans les villes les queues
devant les coopératives et les détresses ména-
gères ; au moment où la vie devenait de plus en
plus dure ; au moment où le parti exilait au fin
fond du Turkestan et de la Sibérie, les deux tiers

des chefs qui l'avaient, dans les années héroïques,
conduit à la victoire. L'Amer réaliste parut n'en
rien voir. Lui qui avait multiplié autrefois les
démarches en faveur des intellectuels contre-
révolutionnaires feignit d'ignorer les arrestations et les déportations de centaines d'ouvriers
communistes opposants. A ceux qui tentèrent de
lui parler de ces choses, il répondit en somme :
« On en voit bien d'autres en Europe occidentale. »

Des communistes m'ont dit avec simplicité :
« C'est logique. En 1917, Alexis Maximovitch
écrivait dans sa *Novaïa Jizn* de terribles dia-
tribes contre Lénine, Trotski, le bolchévisme
qu'il accusait de mener la révolution aux abîmes.
Cet intellectuel hésitant, dont Lénine deman-
dait avec tristesse : « Mais pourquoi se mêle-t-il
de politique ? » était contre la révolution *prolétarienne*. Mais Trotski organisait à Pétrograd
la prise du pouvoir et, dans toute la Russie,
la victoire de l'Armée Rouge. Aujourd'hui, le
pays a poussé, le pays pousse, mais la révolution
est en pleine crise. Trotski part pour l'exil
d'Alma-Ata ; le parti chasse 3.500 d'entre les
meilleurs révolutionnaires ; Alexis Maximovitch
qui ne crut jamais à la révolution *prolétarienne*

et dont on oublie sciemment l'attitude de 1917-18, excursionne dans l'U. R. S. S. et bénit notre bolchévisme malade. C'est dans l'ordre. »

Cette explication pèche à mon sens par une justesse trop schématique. Il y a cela, mais il y a aussi, d'une façon plus immédiate, l'exaspération intérieure causée par l'antibolchévisme de l'Occident, le sentiment de répulsion inspiré par l'émigration blanche et par la réaction, l'amour du pays natal, un amour de vieil homme qui se laisse bander les yeux pour moins souffrir et, enfin, dominant tout, le fait que notre vieux Gorki s'est trouvé désarmé, du premier abord, par une popularité écrasante, organisée avec toutes les ressources de l'Etat et du parti prolétarien qui représentent la plus formidable concentration du pouvoir que l'histoire moderne connaisse. Et c'est ce que j'appelle la tragédie de Gorki.

XVII. — LE PÉRIL EST EN VOUS
LE SALUT EST EN VOUS

Comme tous les pays neufs, l'U. R. S. S. croît d'une poussée vigoureuse à raison de trois millions d'humains par an et cela veut dire à raison de millions de cultures, d'ateliers d'entreprises. Cette sixième partie du monde croîtrait sous tous les régimes. Il ne faut donc pas confondre sa croissance avec celle du socialisme. La vaste Russie va vers l'avenir et sûrement vers un brillant avenir. Lequel ? Renouvellera-t-elle après bien des crises l'expérience formidable des États-Unis d'Amérique ? Nos enfants connaîtront-ils des États-Unis d'Europe portant peut-être sur leurs drapeaux la faucille et le marteau, mais dominés par les gratte-ciels d'une civilisation industrielle où il y aura des riches et des pauvres ? Ou connaîtront-ils florissante la grande Fédération Communiste ? Ainsi se pose le vrai problème des destinées et c'est en pensant à lui qu'il faut suivre les péripéties de la lutte, généralement très dissimulée, des classes dans l'U. R. S. S.

A cette heure, celui qui connaît l'U. R. S. S. doit crier aux bâtisseurs du socialisme : « Le péril est en vous ! » Les choses essentielles dépendent encore, en ce moment, de vous. Il n'en sera plus ainsi dans quelque temps, si vous ne réagissez pas avec la vigueur nécessaire.

La dictature du prolétariat est bien assise sur des institutions stables. Le parti communiste dispose d'une puissance matérielle plus grande que jamais. Tout est entre vos mains. Mais vous, parti du prolétariat, vous, collectivité formidable de révolutionnaires incarnant les aspirations de la classe ouvrière, vous portez, dans votre organisme même, le mal qui vous menace le plus. Je l'ai maintes fois nommé : c'est la *fossilisation des idées en dogmes* : « Le marxisme n'est pas un dogme, c'est un guide dans l'action » disait Lénine. C'est l'appauvrissement de la doctrine officielle par les hypocrisies et par les adaptations utilitaires aux besoins du moment ; c'est dans toutes vos institutions, à commencer par la plus importante, par celle qui est le cœur de toutes les autres, par le parti communiste, la *bureaucratisation.* Des fonctionnaires paperassiers obstruent toutes les issues, remplacent partout les hommes vivants et vrais. Mieux rétribués, ils ont tendance à constituer une caste qu'il faut bien appeler de petite bourgeoisie et qui s'empare peu à peu, par un envahissement bacillaire, du pouvoir dans le parti et dans l'État.

Le système bureaucratique a fait de grands progrès depuis la mort de Lénine parce que des dirigeants du parti en ont eu besoin contre des rivaux qui leur eussent probablement ravi la majorité sans la pression d'une hiérarchie de plus en plus puissante de fonctionnaires. Zinoviev, Kamenev, Staline ont eu besoin de la bureaucratie contre Trotski et Préobrajenski en 1923, contre Trotski en 1924, contre Trotski et Zinoviev en 1926-27. Le créateur de l'Armée Rouge est haï de la bureaucratie parce qu'il l'a dénoncée le premier et parce qu'il apparaît comme l'ennemi irréductible du système bureaucratique du gouvernement.

Ce système ralentit et risque d'enrayer le développement des forces socialistes de l'U. R. S. S On le trouve à la base de tous les maux.

Je sais bien qu'il y a plus de santé encore que

de maux dans l'organisme soviétique. Les scandales, les abus, les sottises, le pullulement de la gent paperassière, le pullulement des faux communistes, ne doivent pas nous faire oublier le constant effort invisible de centaines de milliers de vrais communistes, membres du parti ou sympathisant avec le parti. Le fait que l'industrie nationalisée, la coopération, l'enseignement, tout croît, tout se développe malgré la lourdeur, l'apathie, l'esprit rétrograde, la peur de l'initiative qui caractérisent la bureaucratie, prouve que le mal peut encore être vaincu.

Ce n'est pas à moi de préconiser des remèdes. Voici seulement les idées qui viennent d'elles-mêmes à l'esprit :

1. Tout doit venir du parti. La base de tout assainissement de l'organisme soviétique est dans le retour du parti à la démocratie intérieure, ce qui ne peut pas se faire sans retour au parti de ceux qui ont combattu pour cet assainissement.

2. La presse a besoin d'une profonde réforme qui d'ailleurs résulterait du retour du parti à la centralisation démocratique. Elle doit être moins officielle, plus ouverte à tous les citoyens, à tous les communistes en premier lieu, moins

directement dépendante des autorités locales. Elle a besoin d'un *droit de réponse* qui la garantirait d'une foule d'abus .Elle devrait exprimer les nuances de l'opinion soviétique et communiste.

3. Dans le domaine scientifique, littéraire et dans la théorie communiste, la doctrine officielle du parti doit chercher davantage à s'imposer par sa propre force que par la pression administrative. Elle aurait tout à gagner en ce sens à quelque liberté de discussion, de polémique, de recherche intellectuelle. Les dangers de la stagnation sont plus grands que ne le seraient ceux d'une certaine liberté d'expression.

4. La justice administrative qui juge et condamne les accusés politiques en dehors de leur présence, qui leur refuse toute défense, qui agit dans un secret absolu et ne rend des comptes, dans le secret également, qu'aux organes dirigeants du parti, est née de la nécessité de combattre promptement et vigoureusement la contre-révolution en des temps troublés. Peut-être doit-elle être maintenue contre l'espionnage et contre les classes ennemies du prolétariat. Les travailleurs, les socialistes et les communistes devraient en tout cas n'être justifiables que des tribunaux

réguliers, siégeant en public et admettant la défense.

Le rôle de la *tchéka* fut de combattre les agents de l'étranger, les conspirations militaires, la contre-révolution ; c'est une justice de classe. Les ouvriers et avec eux tous ceux qui reconnaissent la dictature du prolétariat, doivent répondre de leurs actes devant la justice régulière de l'État ouvrier et paysan. Ils ont droit, dans leur État, à des garanties de sécurité et de défense.

5. Dans la production et la coopération, place aux énergies, aux initiatives, aux compétences ! Stimulation de l'intérêt individuel du producteur ou du vendeur ; maximum de démocratie ouvrière.

Je n'indique ici que les premières mesures susceptibles d'acheminer, peu à peu, l'État ouvrier et paysan vers une large démocratie ouvrière qui n'a rien de commun avec la démocratie bourgeoise défendue par les socialistes occidentaux. C'est aux travailleurs, aux seuls travailleurs marchant dans la voie du communisme, qu'il s'agit de donner toutes les libertés que la constitution de l'U. R. S. S. leur reconnaît d'ailleurs en principe.

On ne manquera pas de me répondre que j'enfonce des portes ouvertes et fais preuve de malignité à l'égard de l'U. R. S. S. « Voyons — me diront des gens qui ne connaissent l'U. R. S. S. que pour l'avoir étudiée dans des bulletins officiels ou vue du haut des avions que leur offrait la bureaucratie — mais tout ce que vous réclamez existe déjà ! L'U. R. S. S. est une large démocratie ouvrière. La plus grande liberté règne dans le parti. La presse soviétique, même celle de Smolensk, est excellente et le fut toujours. La plus large liberté d'expression règne dans les sciences et les lettres. Le Guépéou n'emprisonne que les contre-révolutionnaires ; si Un Tel est coffré, c'est que c'est un contre-révolutionnaire... » (C'est ce que j'appelle, moi, la preuve de la culpabilité par le châtiment) « les compétences sont cultivées dans l'industrie, bref, tout est pour le mieux, etc. ».

A ceux qui me tiendront ce langage je ne recommencerai pas de citer des faits accablants, dont l'énumération pourrait être infinie. Je leur dirai seulement :

« Vous vous croyez peut-être sincèrement communistes. Vous croyez peut-être sincère-

ment servir la cause du prolétariat international. Et vous portez avec satisfaction, sur les
yeux, un bandeau revêtu de l'estampille officielle. Votre optimisme de commande et votre
« bourrage de crânes » que les habitants de
l'U. R. S. S. et les soldats de la révolution
détestent, comme les poilus détestaient le
patriotisme criard des journalistes de l'arrièrs,
me fournissent une nouvelle preuve de la gravité
du mal... »

Aux camarades de l'U. R. S. S., on ne peut
dire qu'une chose :

« Le péril est en vous !

Mais puisqu'il en est ainsi, c'est aussi, camarades, que le salut est en vous.

Vous êtes encore les maîtres de votre destin.

FIN

TABLE

ACHEVÉ D'IMPRIMER
POUR LES ÉDITIONS RIEDER
EN NOVEMBRE 1929 PAR
L'IMPRIMERIE DES PRESSES
UNIVERSITAIRES DE FRANCE
(VENDOME-PARIS)